デモクラシーのまちづくり

市民自治の息づくまちへ

早川鉦二

市民自治の息づくまちへ　目次

はじめに　9

1. 東海地区唯一の行政オンブズマン制度……20
―西尾市行政評価委員会◉愛知県

はじめに

愛知県長久手市の『新しいまちづくり行程表』から

名古屋市に隣接し、リニモの運行や愛知万博の長久手会場として知られる愛知県長久手市は、「日本一の福祉のまち」を目指す。長久手市がそれに向けて2012年度から15年度までの4年間の取組内容やスケジュールをまとめたものに、『新しいまちづくり行程表』がある。

この冊子に、「50年前（1960年代）長久手村」、そして「現在（2012年）長久手市」ならびに「将来の長久手市は……」に区分して、まちの姿をイラスト入りで説明したものが掲載されている。住民と行政のかかわりに視点を置いて、まちの姿がどう変わってきたか、目指すべき方向は何かについて触れたものであるが、分かりやすくておもしろい。

私のコメントを加えながらそれを紹介するが、市民自治のまちづくりを考える一助となればと思う。

人口は6682人で、農村だった50年前の長久手村は、「家族や近所さんがいっしょに働き、みんなに役割があり、みんながつながっていた」。つまり、家族や地域が強い絆で結ばれていた。村の財政力は乏しいので、デコボコ道の修理や防犯など地域のいろいろな課題は住民が担った。

それが現在は名古屋市のベッドタウンとして発展し、人口は5万人を擁するに至った。都市化の進行とともに、コミュニティは崩壊しつつある。みんなあくせく働き、豊かになったけれど、「ごみが散らかっていても知らんぷり、あとは行政やっておいて」と、行政依存となった。まちの予算は膨張し、多様な地域課題も行政が行うようになった。住民の自治意識は育たず、「行政でこう考えました。みなさんこれでよろしいですね」、と行政主導のまちづくりが展開されている。

しかしながらそれでは、まちの持続的な発展はむずかしい。将来の長久手市を考えれば、今まで通りのまちづくりは不可能である。人口減少、少子高齢化で税収は減少するのに、民生費や公共施設の維持・補修費が増える。行政が担う範囲は限界があり、何でも行政が担うのではなく、地域の課題は地域で解決することが必要である。幸いにも、ボランティアやＮＰＯなど、地域づくりに貢献したい人が増えつつある。また、地域課題と向き合う中で、住民が「リニアでもっとにぎわいを！」「学校にもっとみどりを！」などの提案をするに至る。市役所職員は「みなさんの提案をかたちにします！」、と対応するようになる。

かくして長久手市の目指すべき方向は、
「★家族や地域の太い絆を取り戻す
★住民と行政がともに汗をかいて絆を育む
★生きとし生けるものがつながって暮らす」まちである。

地方分権の進展と市民自治のまちづくり

前述の新しいまちづくり行程表には触れられていないが、市民自治のまちづくりが登場した背景には地方分権の進展がある。

長い間わが国の地方自治の特徴として語られてきたのは、国の下請機関あるいは出先機関としての性格を濃厚に持つことであった。国はさまざまな方法で自治体を支配し、大きな影響力を及ぼしてきた。

自治体の行う事務の中に、非常に多くの機関委任事務があった。これは自治体が国の機関とみなされ、首長などに委任された国政事務である。外国人の指紋押捺や産業廃棄物処理場問題などが大きな社会問題となったが、自治体は事務を行うだけで許認可権は国が持つ。この機関委任による事務処理を通じて、自治体は事実上中央省庁の下部機関化していた。

自治体の最終的に支出する経費は国のそれよりも多いのに、財源である地方税は国税より少ない。それでも成り立つのは、国税の一部が補助金（国庫支出金）や地方交付税として自治体に交付されるからである。補助金制度はまさにその最たるもので、それらを通して国は自治体に影響力を行使する。国の期待する事業を、自治体に強いる手段となっている。また自治体が借金するにも、起債許可制度によって国の了解が必要であった。

その他、中央省庁の役人が自治体の重要ポストに派遣される天下り人事もあった。

国は以上のような支配機構を通して自治体を動員し、経済成長を成し遂げてきた。この間に公害などに反対する住民運動が展開され、革新自治体の成立も見たが、国民は国家に従うべきであるという考えから脱却し、市民が国や自治体をコントロールする市民自治の考えがしっかりと根を張ることはできなかった。

しかしながら地方分権が進み、とりわけ2000年の「地方分権推進一括法」によって、機関委任事務が廃止された意義は大きい。これにより、国と自治体の関係は理念的には「上下・主従」の関係から「対等・協力」の関係となった。

それとともに自治体では、国になぞらえて自治体を政府とみなし、まちの憲法である自治基本条例を制定する動きが始まった。それには市政の主権者は市民であり、市政は市民の信託に基づいて運営されることがうたわれている。この流れは急速に広まった。このようにして、「市民が主役のまちづくり」「市民が主人公のまちづくり」が、登場するに至った。

私の市民自治への思い

私は1975年に、マイホームを求めて名古屋市から多治見市（岐阜県）へ移り住んだ。当時の多治見市は、名古屋市のベッドタウンとしてあちらこちらで大規模な住宅団地が開発されていた。私の求めたマイホームも、そうした住宅団地の一角にある。連れ合いの職場が名古屋の北東の春日井市（愛知県）内にあったため中央線沿線にマイホームを求めたのである。トンネルを抜けて県境を越えるだけで、地価が大きく下がることが魅力的であった。また、多治見のまちは周囲を低い山に囲まれた盆地にあり、市街地の真ん中を土岐川が流れ、多くの自然が残されていたことも大きな魅力だった。

そして、多治見のような中小都市の方が、大きな都市より地域のことがよく分かり、地方財政や地方自治の勉強に好都合だと思ったからでもある。

こうして私は多治見市民になった。市民になったとはいえ、日常は勤務先がある名古屋へ通い、多治見は寝に帰るだけのいわゆる「定時制」市民にほかならなかった。

多治見市モザイクタイルミュージアム

それでも、小さな町内会の町内会長に立候補して４期４年務めた。また、小学校や中学校のＰＴＡ学年委員長をやったりした。当時はまだ勤務時間など今ほど厳しくない「良き時代」の大学であったので、時間の都合がわりと自由になったからである。

私は、たかがこの程度の地域社会とのかかわりしか持ってこなかった。それでもそうした体験を持たない場合に比べ、自分の多治見のまちへの愛着を一層強めることになったことはいうまでもない。多治見で生まれ、育ったわけではないが、人生の半分以上を多治見で暮らしたことになり、今ではすっかり多治見市民になりきっている。

２００７年3月に、定年退職を迎えた。退職後どうするのか。団塊の世代の退職者が地域社会とどうかかわってゆくかによって、その地域社会の将来は大きく左右される。現役中に培った技能を、地域社会の発展に役立ててほしい。そういうことが、よくいわれるようになってきた。いわゆる団塊の世代ではないが、定年が65歳だったのでほぼ彼らと同時期にあたる。もっともそれはどうでもよいことであるが、定年後の地域社会とのかかわりの重要性はよく理解できたし、私自身もそういう機会があれば是非それに参加したいと思っていた。
ちょうどその頃目に触れたのが「多治見市総合計画市民委員会委員」の公募である。これは、古川市政のもとでの第6次総合計画の策定にかかわる委員会である。「多治見市をこんなまちにしたい」という課題に対して、以下のような作文を添えて応募した。

「市民自治がどこのまちやむらよりもしっかりと根付いたまちにしたい。その理由は、
①市民のために市民の期待する行政サービスを展開しておればよかった時代から、市民が自ら自治を担う時代への転換点にある。
②西寺市長は、多治見市を大きく変えた。とりわけ行政のあり方を変えたことは高く評価される。しかし市民の意識はまだあまり変わっていない。西寺市政の継承、発展には、市民意識を少しでも高めることに取り組むことこそが重要である。
③古川市長の元気なまちづくりも、市民自治を担う市民の存在によってこそ、初めて実現される。
そのため、たとえば広報たじみや市議会だよりを市民が編集する。総合計画の策定に際しても、策定委員会が主催して市民集会を開催する。市民参加条例やオンブズパーソン条

例の制定、地域自治区の導入などの検討を提起したい」

余談であるが、広報たじみや市議会だよりを市民が「編集する」というのは、「編集に参加する」の意味である。しかし字句通りに受け止められたためか、応募者8名中5番目の成績で委員に選任されなかった。

さてこの作文に込めた私の思いは、こうである。

情報公開と市民参加によって、市民の総意に基づくまちづくりがかなり実現するようになった。これは日本の地方自治の大きな前進であるが、しかし残念なことに市民の多くがまだまだ投票所に足を運ぶだけで、まちづくりに積極的に参加することなく、行政に委ねてしまっているという現状がある。果たしてこれでよいのか、ということである。

このように私は市民の自治意識に大きな関心を持ち、地方自治や民主主義の問題をそうした観点から考えるようになった。それは、私の合併問題への取り組みから生まれたものである。

私はかなり長い間、協議会や一部事務組合のようにいくつかのまちが協力して行う広域行政の調査研究に従事してきた。その過程で明らかになったことは、自治体が自主的・主体的に広域行政を展開することはあまり問題がない。しかし政府によって推進される広域行政には行政の効率化にとどまらず、市町村合併という自治体再編の意図があることであった。

やがてまた、合併問題が吹き荒れる時が来るかもしれない。それに備えて、合併問題をどう考えたらよいのか。次の2か所に足を運んだ。

ひとつは、1969年に西大寺市を皮切りに、周辺の11市町村を合併した岡山市の広域合併の具体的検証を、1994年から96年まで3年間かけて試みた。もうひとつは、97年10月から98年9月までスウェーデンのウプサラ大学に留学して、2500の基礎的自治体を300程に再編した大合併後のコミューンを調査研究することができた。

これらの調査研究から学んだことは、合併によって行政区域が拡大し、人口が多くなると共同体意識が希薄化し、自治の主体である市民が「他人まかせになる」。合併により自治体が大きくなると、行政組織の官僚化の進行や議員の削減、なによりも市役所や役場から市民の足が遠ざかることにより、「市民の声が届かなくなる」。ひとつの自治体の大きな出来事でも、合併後はひとつの地区の小さな出来事になりかねず、「住民の声が無視される」。以上のようにして、合併は地方自治の形骸化と民主主義の後退をもたらすということであった。

こうして地方自治や民主主義の問題を、合併問題を媒介にして自治や市民の自治意識の観点から考えるようになった。市民の自治意識はどうしたら高まるのか。市民の自治意識による市民自治の展開が、今の私にとって最大の関心事となった。市民自治は市民の自治意識の高まりによって推進されるし、市民自治の推進が市民の自治意識の高まりをもたらすにちがいない。

市民自治のまちづくりをめぐって

市民が市政に関心を持つに至り、これまで行政に委ねられていたことや、行政の対象となっていなかったことで、市民にできることは市民で行う。市民だけでできないことは行政と協力して課題の解決に努める。既に環境や福祉行政の分野を中心に、ボランティア市民やＮＰＯの活動が見られるが、この流れがもっともっと大きくなることを期待したい。そして行政にも市民がもっとまちづくりの一翼を担うことができるように、さまざまな対応が求められる。

これに対して、自分たちは税金を払っているのに、どうしてまた汗をかく必要があるのか。あるいは、行政の下請はまっぴらごめんであるという声があがったり、また行政からは、自分たちの仕事を奪うのか、という批判を耳にすることがある。

しかし、市民がまちづくりを行政に委ねてしまうのではなく、それに主体的に取り組むのは、安上がりの行政を実現するとともに、行政サービスの充実を図るためだけではない。市民が自治の担い手であることを実感し、自治の担い手として成長するためである。それがひいては、まちへの愛着と誇りを生むばかりか、日本の民主主義を一歩も二歩も前進させることになるからである。

私は、地域社会がそういう方向に変化していくことを望んでいる。以下では、自治体で導入されているそのための先進的な制度や取り組みを紹介する。なお距離的な関係や私の狭い見聞により、取り上げた自治体が限られているのをご容赦いただきたい。

1．東海地区唯一の行政オンブズマン制度

――西尾市行政評価委員会◉愛知県

公的オンブズマン

日本の自治体におけるオンブズマンの制度化は、１９９０年の神奈川県川崎市から始まった。それ以来いくつかの自治体が続き、住民の苦情に対応するために導入された公的オンブズマン制度は、今やよく知られるようになった。

しかし、その実態は十分には把握されていないという。

公的なオンブズマン相互の意見・情報の交換を行うために、総務省行政評価局が開催する「全国行政苦情救済・オンブズマン制度連絡会」に加入しているのは、２０１５年３月末で34の自治体のオンブズマンである。

アンケート調査などをして調査した「一般社団法人 行政管理研究センター」が分析の対象とした公的オンブズマンは、２０１６年２月末現在で55の自治体に58のオンブズマンが設置さ

れている。そのうち行政全般を対象とする一般（総合）オンブズマンは27、福祉など特定の行政分野を対象とする特殊（個別）オンブズマンは31を数える。なお公的オンブズマンを導入している都道府県は、北海道、秋田県、山梨県及び沖縄県の4県（すべて行政全般を対象）であり、その他は市町村（特別区を含む）である（以上は、一般社団法人行政管理研究センター『平成27年度地方公共団体における公的オンブズマン制度の実態把握のための調査研究報告書』による）。

さてここで紹介する西尾市行政評価委員会は、1995年4月に発足した東海地区で唯一存在する行政全般を対象とする公的オンブズマンの名称である。東海ではこの他に岐阜県御嵩《みたけ》町に二つの公的オンブズマンが存在するが、福祉と環境の特定分野の行政を対象とするものである。

導入の経緯

愛知県西三河地方にある西尾市は、松平6万石の城下町として栄え、京都にゆかりのある神社仏閣も多く、「三河の小京都」といわれる。「西尾の抹茶」は地域ブランドとして認定され、全国一の生産量を誇っている。2011年4月に、忠臣蔵では敵役とされた吉良家の菩提寺（華蔵寺）のある吉良町、一色うなぎで有名な一色町、ならびに御影石の産地・幡豆町を編入合併した。

この西尾市の行政評価委員会は、一般的なオンブズマンと違いかなりユニークである。そもそもその名称からして、「オンブズマン」といわずに「行政評価委員会」という。またオンブズマンの職務は、住民の行政に対する苦情処理やそれに伴う行政の制度改善、自らの発意に基づく調査がほぼ共通したものである。これに対し「西尾市行政評価委員会要綱」では、その職務の冒頭に「行政改革の監視・調査・公表についての評価」が掲げられている。それにまたほかでは、まず例を見ない「市長の求めに応じて行う職務」が列記されている。さらにいえばオンブズマンは、それぞれ独立してその職務を行うのが普通である。ところが西尾市行政評価委員会では、3人のオンブズマンの合議で評価の決定を行う。こうした特徴が見られる。

西尾市の茶畑

それというのもこの制度が、1994年6月に設置された「西尾市行政改革懇談会」の提言により発足しているからである。この懇談会は厳しい行財政状況の下で、多様化・複雑化する行政需要に対応するために、住民への情報公開と住民参加を重視した行政改革の推進体制の確立を求めたものである。

　そのために「西尾市行政改革大綱」の策定と推進など9項目にわたって提言している。その二つ目に、「行政改革推進のプロセスへの住民参加や進行管理における監視機能強化の方策について」という見出しで、「西尾市行政改革大綱に基づく行政改革の推進状況は、できる限り分かりやすい表現で住民に情報提供するとともに、住民が意見・提案を申し立てることができる民間の有識者数名によるオンブズマン的な組織（仮称：行政評価委員会）を設立し、監視機能、調査機能及び公表機能の強化を図る必要があります。市長は、オンブズマン的組織の中立的第三者機関としての独立性を尊重し、事情聴取や実地調査に対して積極的な援助協力に努めなければならないと考えます」とある。

　西尾市行政評価委員会が、その職務として住民の市政への苦情処理より、「行政改革の監視・調査・公表についての評価」を重視するものとなっているのは、以上のような経緯のためと思われる。しかし市民からすれば、西尾市行政評価委員会は第一義的に自分たちの市政への苦情に対して公正・中立の立場から調査、検討、評価する組織とみなされているといえる。「西尾市行政評価委員会ってどんな制度かな?」という市民向けのリーフレットでは、そのことが強調されている。

苦情申立ての受付処理

西尾市行政評価委員会の活動状況について見ていこう。

行政改革の監視と苦情申立ての受付処理は毎年度行われている。これに対し行政評価委員会の発意に基づいて市長に意見を述べることは、これまでに4件行われてきた。そのうち行政評価委員会自らが職員のみならず、市役所窓口を訪れる市民にアンケートを行い、その結果を分析して信頼される市政を築くために、職員の意識の涵養や諸制度の新設・見直しを要望した2009年3月の取り組みは、特記すべきことである。

市長の諮問に対する調査、評価としては、1999年度と2000年度の2回にわたって、西尾市障害者福祉計画の実施状況について行われている。

以下では、苦情申立ての受付処理についてもう少し見てみたい。

住民の苦情申立てはファクスや郵送等でも受け付けられるが、市役所内の相談室で月2回、3人の行政評価委員の輪番により面談を行うのが基本である。なお、申し立てることのできる苦情は、市の仕事とそれにたずさわっている職員の行為で、申立人自身の利害に関するものである。

こうして受け付けた苦情に対し、行政評価委員は公正・中立の立場から、申立人と市から事

表１　苦情申立ての受付状況

	2012	2013	2014	2015
1 苦情申立人に結果通知したもの	8	6	13	6
(1) 評価を行ったもの	6	5	6	4
(2) 評価を行わなかったもの	−	−	7	2
(3) 調査中止・打ち切ったもの	1	1	0	0
(4) 管轄外となったもの	1	0	−	−
2 調査継続中のもの	0	1	0	0
3 取り下げ及び相談のみ	10	9	15	7
(1) 取り下げ	1	3	2	1
(2) 相談のみ	9	6	13	6
4 その他のもの（匿名で内容報告のみ）	1	0	1	8
総件数	19	16	29	21

（出所）西尾市行政評価委員会　各年度報告書により作成。
ただし14年度の総件数の数字は、報告書の本文では28件となっている。

情を聴取するなど調査、検討を行い、合議の上で評価を決定する。評価により市の処理が不適切となると、行政評価委員会は市長に「中立てを尊重し、改善すべきだ」という意見を述べ、市長はその意見を尊重し、是正等の措置を取ることになる。他方、申立ての内容に無理があった場合は、「市の処理が適切だ」ということになる。いずれの場合も、申立人に評価の結果は通知されることはいうまでもない。

西尾市行政評価委員会は、その年度の委員会の活動状況や苦情申立ての処理事例、教育委員会事業の評価などを掲載した『西尾市行政評価委員会年次報告書』を刊行し、それは市長、市議会、市の部課長、報道機関に配布されるとともに、公民館などの公共施設に備えられ、広く市民の目に触れるようになっている。

前頁表1は、最近4年間の苦情申立ての受付状況を一覧表にしたものである。それによれば、「取り下げ及び相談のみ」が、最近では受付件数の半分を占めるに至っている。特に14年度の受付件数が大きく増えているが、これは市の広報などによってこの制度が市民の中に浸透した結果であるという。しかしながら、行政評価委員会による評価の再審議や住民監査請求の監査結果を求めるなど、行政評価委員会がそもそも評価を行わない案件だから、「評価を行わなかったもの」が多く含まれているのは問題である。市民のこの制度への正しい理解が求められる。

苦情申立ての受付件数から、前述の取り下げや相談のみ、評価を行わなかったものを差し引いたものが、行政評価委員会の評価対象件数となる。その数は、人口17万人の西尾市で最近では年間6件程度である。

市政の改善につながり、市民の行政への信頼が高まる

苦情申立てのうち苦情申立人に結果を通知したもの、つまり評価対象となったすべての処理事例が年次報告書に公表されている。

申立項目ごとに、「担当課」「中立の趣旨」「調査の結果」そして「評価決定」の欄と続く。調査の結果には中立人と担当課から事情を聞いて確認したことや、かなり詳細な経緯など、評価の決定に必要なことが列挙されている。

これによって苦情申立ての処理全容を知ることができる。そのうちここでは、中立人の趣旨に沿った評価を下したと思われるものを二、三紹介したい。

（その1　固定資産税の還付について）

1990年に住宅を新築したにもかかわらず、土地の固定資産税の住宅用地の軽減（課税標準の特例）がなされてこなかった。2010年3月にこの事実が判明したが、西尾市は地方税法の規定により固定資産税の還付は5年分のみであった。同様の事例があった他市では20年分の固定資産税が還付されており、納得できないという趣旨の固定資産税の還付についての苦情申立てである。

行政評価委員会は5年間を超えてでも還付金を認める「西尾市固定資産税・都市計画税過誤納金返還金支払要綱」と、以下のような判例を踏まえて、5年を超える返還が可能かどうか再考するように要請したのであった。

判例は、課税標準の特例を適用せずに課税したことは担当職員の適正課税の義務違反であり、地方税法の5年を超えた分も還付すべきである。ただし納税者は納税通知書や課税証明書を検討すれば、課税標準の特例が適用されていないことに気づいたはずである。したがって納税者にも損害の発生とその増大に過失があるので、損害額から3割を控除するのが適当である。

（その2　管理職の業務管理の改善について）

申立ての趣旨は、消防本部総務課に公文書開示請求したところ、請求から15日以内という開示決定期限が2回も守られなかった。1回目の時に再発防止を明言しながら、2年後にまた同じ過ちを繰り返した。当部署の体質改善を含めた再発防止策を求める。

行政評価委員会の調査結果によれば、1回目の遅れは申立人に連絡することを忘れたという単純なミス。2回目は開示期限を営業日と思い込んでいたため、年末年始の休日のため開示日が大幅に遅れることになった。

その後当該部署は、受付日や期限等を管理する「業務進行状況確認表」の作成、間違いやすい事例や特に注意すべきことなどの改善を明記した「業務対応リスク管理マニュアル」を作成するなど、再発防止に取り組むに至った。行政評価委員会はこうした対応を評価するとともに、しかし消防が直面した事態は市の業務全体にも起こり得ることから、全庁的な周知・徹底を求めるよう要望している。

（その３　福祉課職員の説明責任について）

障害者扶助料増額の説明がなされなかったため、本来なら12月から増額した支給金を受け取ることができたのに２月からとなった。福祉課職員が説明責任を怠ったことを申し立てたものである。

行政評価委員会が確認した経緯は次の通りである。

申立人は、申立人の子ども（申請者）が受給する障害者扶助料の手帳区分を変更するため、２０１４年８月25日に申請者に代わり手続きを行った。これに対し市は、11月４日に申請者に対し手帳を交付する旨の通知を行った。今回の手帳区分の変更により、扶助料の支給額が月２０００円から３０００円へ増額となるが、扶助料の変更交付申請をすれば、申請月の翌月から増額支給されることになっていた。しかしそのことについて福祉課から事前に説明もなければ、手帳を交付する旨の通知文にも書かれていなかったため、翌年の１月に申立人は手帳を受け取りに行った。この結果、３０００円の受給が２月からとなった。もし扶助料の増額について知っていたならば申立人は11月に手帳を受け取り、扶助料の変更交付申請を行い、12月から3000円の扶助料を受給できたのに、それができなかった。

これに対し市の主張は、間違いがないように、また必要な手続きはその場でできるように、必要な手続きは手帳を受け渡す時に面談で行うようにしている。なお手帳を交付する旨の通知をした場合、ほとんどの人が速やかに受け取りに来ているという。その後福祉課は、手帳の受け取りが遅れると各種サービスの受給開始が遅れる旨を、手帳を交付する旨の通知文に記載することを検討している。

以上のような調査結果を踏まえ、行政評価委員会は、すべての人が通知を受けて速やかに手帳を受け取りに来るという考えは払拭すべきである。そして手帳の交付通知に案内の仕方を工夫すれば、今回のようなトラブルは避けられた。委員会の評価の決定の前に福祉課が再発防止に取り組み始めたことは評価するが、「今回の申立が西尾市の福祉行政が少しでも向上するための警鐘であると受け止め、受給者に不利益が生じないような対応を要望する」と結んでいる。

以上、行政評価委員会が調査結果を通知したもののうち、申立人の趣旨に沿った評価をしたと思われる若干の案件を紹介してきた。これらを見てみても、苦情申立てはきわめて稀な特殊なものではなく、ほとんどこのまちでも住民が実際に日常的に直面するものであることがわかる。

それでは調査結果を通知したもののうち、このように申立人の趣旨に沿ったものがどの程度みられるのか。

西尾市の場合も処理事例をひとつひとつ検討すれば、申立人の趣旨に沿ったものか、あるいは市の業務に問題がなかったものかを、大体において推測できる。しかし札幌市オンブズマンのように、「苦情申立ての趣旨に沿ったもの」と「市の業務に不備がないもの」のように区分をしていない。したがってここでは、その『札幌市オンブズマン活動状況報告書』から、札幌市の最近の数字を取り上げてみよう。

それによれば苦情申立ての趣旨に沿ったものが、2012年度は110件のうち33件（30・0%）、13年度は104件のうち32件（30・8%）、14年度は107件のうち43件（40・2%）、15年度は109件のうち31件（28・4%）である。ほぼ3割程度に達している。

オンブズマン事務局はまた、苦情申立ての趣旨に沿ったものの案件が行政のいかなる問題に起因しているか、次の3つの類型に分類している。「①対応に不備（接遇、説明不足、事務処理の誤り等）があったもの」（2015年度71・0%、以下同様）、「②制度運用などに関して改善すべき点があったもの」（12・9％）、「③法令等の解釈・運用が適切ではなかったもの」（16・1％）となっている。多くの場合、職員の対応の不備に問題があることがわかる。

さて評価の結果は、申立人と市長に通知される。西尾市行政評価委員会は市民の苦情に正当な理由があったと評価した場合、市長に意見を述べることができ、市長はその意見を尊重しなければならない。またその場合、行政評価委員会は市長に対し是正等の処理と方針について報告を求める。

こうして市民の苦情が解決されるばかりか、市政の改善が図られることになる。申立人は自分の申立てにより市政が実際に改善されていけば、行政への信頼が深まることはいうまでもない。行政に不備がないと評価された場合でも、行政内部の判断ではなく第三者委員会の結果であれば、申立人はたとえ不満が残ってもまだ自分を納得させることができるだろう。行政への反発は和らぎ、以前よりも行政を信頼することになる。オンブズマン制度によって、こうして市民の行政への信頼が培われていく。市民と行政が一体となってまちづくりを行う協働が強調される今日では、なおさら市民の行政に対する信頼は不可欠である。

公的オンブズマンの正しい理解を

公的オンブズマン制度は、以上のように市民の権利利益の保護を図って、市民本位の信頼される市政を実現するのに大きな役割を果たす。しかしながらオンブズマンを導入する自治体は既述したように、55自治体に58のオンブズマンにすぎない。そのうち行政全般を対象とする自治体は27にとどまる。この点、２０００年に北海道ニセコ町で始まったまちの憲法である自治基本条例を制定する自治体の数が、２０１５年12月末で３４４自治体と大きく増えているのと対照的である。これは一体どうしてなのか。公的オンブズマンはなぜ拡がりを欠くのか。最後にこの点について触れたい。

まず、西寺雅也前多治見市長が「多治見市オンブズパーソン条例」を上程した２００１年9月議会における質疑を、その手がかりとして考えてみよう。なおこの条例案は、賛成議員はたった1人で、圧倒的な反対で否決されたのであった。

会議録で非常に目につくのは、議員の否定的な発言である。市民の苦情を取り上げる区長や民生委員がいる。庁内には市民相談室があって、市民の苦情に対応している。「市長と市政を語る会」があって、市民は苦情を市長に直接届けることができる。議員は市民の苦情を受けて、担当課に足を運んだり、議会で取り上げる。行政不服審査や事務監査請求などの制度もある。というように、つまり既に市民の苦情に対応するさまざまなものがあるので、オンブズマンという新たな制度は不要である。オンブズマンの導入は、「屋上屋を架す」ものにすぎない。

これらに対する行政側の反論は、たとえば市民相談員は市に対する制度の改善や意見表明をすることは求められていない。したがって市民の苦情が、市政の是正につながるという観点からは効果的ではない。また行政不服審査や事務監査請求というのは、取り扱われる事案の範囲が限定されていたり、手続きが非常に煩雑である。住民が気軽に広く市政を訴える制度としては十分ではない。

以上のように、オンブズマンのいわゆる代替装置というものが存在したとしても、それらは決してオンブズマンに代わりうるものではない。

このほか市民の苦情は職員とのトラブルが中心なので、職員の意識改革こそが大事である。担当者が苦情を迅速に処理できるようにすれば、オンブズマンは不要であるという考えがみられる。これに対する行政は、そのトラブルを第三者機関によって判断してもらうためにこそオンブズマンが必要であるという。

さらにオンブズマンの導入を自治体の不祥事と関連させる意見が交わされている。ある議員は、「川崎市の場合は事情があって発生したということで、特にリクルート疑惑問題などが発生して、行政監視、それから職員倫理の確立をしなきゃいけないという必要性があって生まれてきたというふうに私は理解しておるんですが、多治見市にそのような決定的な問題が今あるのかどうか」と市長に問い、そして多治見市はオンブズマンが必要ではない行政を市民と一体となって行っていくべきだという。

西寺市長は現在、多治見市は川崎市と同様の決定的な要因はないと述べた後に、次のように続けている。「ただ日ごろから、先ほどの表現はうまく表現できていないというふうに思いますけれども、市民の皆さんと市とのトラブルを見ておりますときに、行政側の説明、客観的に見れば、例えば正当性がある場合においても、なかなかそれを市民の皆さん方が理解していただけないということもございますし、また逆に、行政の職員がかたくなになって、市民の言ってみえることを理解できないというような、いろんなケースがあるわけでございますが、こうした苦情について的確に対応するというのが非常に困難なケースというのはしばしば遭遇しておりまして、そういうことを私自身も市長になってから実感をしているわけでございます。先ほどそのために行政と市民の皆さんとの間に立つレフェリーだというような表現をいたしましたけれども、十分に苦情をそうした形で第三者の目としてきちっと見て判断できるような方が必要であるということを身をもって感じているわけでございまして、それに基づきましてこうした制度を設計したらどうかということでこれまでも進んできたわけでございますし、屋上屋を重ねるという表現もされましたけれども、私たちとしては第三者の目でそうしたことをチェックする、あるいはレフェリーをしていただくというような部分については、これまでの制度の中にある意味ではなかったというふうに思っておるわけでございます」と述べている。

なぜオンブズマンの導入が必要なのかという西寺市長のこの見解が本当に議員の間で理解されていたならば、多治見市議会はオンブズマン導入の必要性を認識するに至ったかもしれない。このことからも公的オンブズマンの意義が正しく理解され、市民自治の息づくまちへ向けて全国の自治体にもっともっと導入されることを願わずにはいられない。

なお、多治見市議会では問題となっていないが、公的オンブズマンは市民オンブズマンとは違う。市民オンブズマンは民間のボランティア組織で、公的オンブズマンのさまざまな規制からは自由に行政の監視活動を行う。最近では、議会議員の政務活動費の不適切な使用問題に取り組み、非常に大きな役割を果たした。このように、それはそれで大変大きな意義を持っているが、しかしそれがあるからといって公的オンブズマンの存在意義が決して小さくなるわけではない。（２０１６年８月　記）

2. 画期的なパブリック・コメント制度

―尼崎市「市民意見聴取プロセス」◉兵庫県

パブリック・コメント（意見公募）手続

パブリック・コメントとは行政機関などが意思決定過程において、広く国民に素案を公表し、それに対して提出された意見を考慮して意思決定を行う制度のことである。これは大変重要な市民参加のひとつの方式である。

日本におけるその発端は、「規制の設定・改廃に係る意見提出手続」が1999年3月に閣議決定されたことによる。これは行政機関が規制の設定や改廃にあたり、事前に原案を公表して国民から意見を求める制度である。これが2005年の改正行政手続法により、「意見公募手続」として法制化されるに至った。それとともに、自治体においても国に準じる取り組みが求められ、広く導入されるようになった。

自治体では2001年9月に「横須賀市市民パブリック・コメント手続条例」が制定されて

いるが、多治見市では2005年1月から「多治見市パブリック・コメント手続要綱」としてスタートした。その後条例への格上げを目指して06年3月議会に上程されたが、この時は前提条例である「多治見市市民参加条例」が成立しなかったため、審議未了廃案となった。しかし07年9月議会に再度上程され、多治見市市民参加条例と共に「多治見市パブリック・コメント手続条例」が成立するに至った。

要綱ではパブリック・コメント手続の対象となる市の政策等が総合計画の策定など非常に重要な施策に限定されていたが、条例ではそれが拡大されている。また議会の審議では、市民投票条例との関係、インターネットの利用による匿名性の問題、パブリック・コメントという言葉の問題など、いろいろ論議されている。とりわけ私の関心を引いたのは、パブリック・コメントに関して寄せられた数よりも、その意見に含まれた内容についてより重大に受けとめたいという、行政の発言である。パブリック・コメントの本質に関わる質疑が交わされているのを見つけて、私は大変嬉しく思った。

形骸化するパブリック・コメント

さてこのようにして、パブリック・コメントは今やほぼすべての自治体に導入されている。

それ自体は大変喜ばしいことであるが、しかしそれが本当に目的どおりに機能しているかといえば、はなはだ疑問を抱かざるを得ない。以下では、私が体験した多治見市のことを紹介したい。それによってここで取り上げる尼崎市の取り組みがいかに先進的なものかを知ることができるからである。

多治見市では市民と行政が意見交換を行う地区懇談会が年2回（前期は市長出席、後期は部課長出席）、小学校区ごとに開催されてきた。それを2013年度から「市長出席の地区懇談会に一本化して、年1回の開催」とする「地区懇談会の運営方法などの見直しについて」が市民に提起されるに至った。

私がそのことを最初に知ったのは、12年度最後の区長会の席上であった。区長会というのは、市内の自治（町内）会の連合体である区が50あり、その代表者からなる会議である。その時区長であった私は、その区長会に出席していたのでその時のことをよく覚えている。

なぜ見直すのか。市長は「無理に課題を作らなければならないとか、一定の人数を集めなければならないとか、前期の地区懇談会のなかで十分な意見交換ができるのではないか、といった意見が寄せられている」からであると言う。いかにも区長からの要求であるかのような答弁であった。

多治見市の広報紙「たじみすと」が掲載したのは、パブリック・コメント手続の「あなたのご意見募集中」の「年2回開催していた地区懇談会を市長が出席する年1回の開催とします。地域の諸課題などは小学校区単位で対応します」という記事だけであった。これではなぜ見直すのか、市民にはわかるはずがない。

この問題に関心を持つ人が入手できたパブリック・コメント対象事案書には、見直しの「背景について」と「地域の諸課題について」述べている。しかしながら、区長会の市長発言には一切触れていない。それというのも、後期地区懇談会も行政が責任をもって開催するものである。区長は何も地区の関心のあるテーマを無理に作る必要もなければ、人集めに苦労する必要もないことを悩む区長に伝えれば済むことである。したがって、そもそも見直しの理由とはなりえないからである。

さて見直しの背景として指摘されているのは、

・地区懇談会を開催するようになって10年が過ぎたから、見直しの時期にきている。
・地区懇談会以外にも市長への提言など、広聴の仕組み自体が多様化してきている。
・無作為抽出で選出した市民による「市民討議会」の開催など、新たな広聴活動の仕組みが実現している。

・住民の要望や問い合わせはメールなどを常に受け付けるなど、開かれた市政を維持するようバランスよく広聴活動を実施している。

の4点である。

しかしいくらこうした背景が強調されても、私には後期地区懇談会を取り止める理由とはならないように思えた。新たな方策が取り入れられても地区懇談会の開催にまさるものは今のところない。そもそも市民と行政の情報共有化の機会は、多ければ多いほど望ましいからである。

さらに地域の諸課題については、メールなどで随時受け付けるほか、5人以上のグループであれば「おとどけセミナー」で対応する。さらに「もっと広い地域の課題であれば、小学校区単位での説明会の開催などにも応じますので、区長会と相談してください」とある。これが後日、地元の要望があれば開催する「選択制の意見交換会」といわれるものであるが、どうして後期地区懇談会の廃止に代えてそれを行うのか説明がない。

なぜ後期地区懇談会を廃止するのか。本当の理由は分からずじまいで、12年4月16日から5月16日まで行われたパブリック・コメントの時を迎えた。これさえ本来であれば、5月14日から6月20日までの前期地区懇談会での説明後とすべきであるのに、それを顧みることなく行われたのであった。

私はこのパブリック・コメントに際し、「このテーマの重要性からすれば、広報たじみにこの問題を特集記事として取り上げ、その中で賛成派反対派両市民による意見交換を掲載するなど、この問題に関する市民的な論議を巻き起こした後に、パブリック・コメントを行うのは常識です。それさえしないのだから、今回は撤回するしかありません」という意見を出した。

これに対する「パブリック・コメントの回答について」は、「広報たじみの特集は予定していませんが、地区懇談会の運営方法については、区長会での提案、パブリックコメントの実施で市民の皆さんの意見を聞かせていただいています」というものであった。

意見を提出した人は、私を含めわずか3人である。いかにこの問題が、市民に周知されていなかったかを示すものである。

以上、私が実際に直面した「地区懇談会の運営方法などの見直しについて」のパブリック・コメント手続を見てきた。この件についていえば、市民が理解し、意見を提出できるだけの情報を行政は果たして十分に提供してきたとは決して言えない。パブリック・コメントを実施した、というアリバイ作りのようなパブリック・コメントであってはならない。

多治見市のパブリック・コメント手続で気になることが、もうひとつある。条例では「実施機関は、前条の規定により提出された意見等を考慮して、対象事案についての意思決定を行うものとする」と規定されているのに、実際には庁内の最高意思決定機関である政策会議で決定されたものが、パブリック・コメントに附されていることである。パブリック・コメントに附すには、明確な方向性を打ち出す必要があるからであるという。したがってすでに決定を見たものであるため、よほどのことがない限り意思決定の変更を見ることはなく、ほとんどの場合パブリック・コメント後は内部の事務処理に委ねられて手続は終了するといわれている。

もしそうであるとすれば、市民がパブリック・コメントに意見を提出してもあまり意味がないと考えてしまうのは避けられない。そうしたことから市民は、パブリック・コメント手続に無関心となる。

これではせっかくのパブリック・コメントが、ほとんど機能していないといわざるをえない。こうした極端なケースはともかく、多くの場合行政の決定した素案（原案）に対し市民の意見を求めるにとどまっている。その際、素案自体を市民の意見に基づいて作るケースはまずない。それに挑戦したのが、尼崎市「市民意見聴取プロセス」である。

稲村和美市長の選挙公約

この制度は2010年12月に尼崎市長に就任した稲村和美市長の選挙公約に基づくものなの

で、まずはそれから見ていきたい。

市長選のこの時のキャッチフレーズ「未来へつなぐ―私たちの挑戦は続きます」のもとに、「コンパクトで持続可能なまちづくり」「信頼と分かち合いのまちづくり」ならびに「市民自治のまちづくり」の3本柱が、選挙公約として掲げられた。そして3本の柱は、それを具体化したいくつかの「項目」からなる。市民自治のまちづくりの場合は、「市民にしっかり伝える」「市民と考え、決める」「市民が動かす」「市役所から変わる」の4項目からなる。

そして市民と考え、決めるの項目には、たとえば「事業仕分け」の実施と事業の優先順位の決定、常設型住民投票条例の議会への提案、市民自治基本条例などを検討する住民参加推進会議の設置などの具体的な施策が列挙されている。これらに比べると、パブリック・コメントに関する記述は「パブリックコメント制度の見直し」と、「重要な政策決定では複数案を提示し、メリット・デメリット、論点を明らかにします」にとどまり、具体性を欠いている。とはいえ市民がもっともっと市政に関心を持ち、行政が市民と一緒に施策を考えることができるように、言うなればパブリック・コメントがもっと有効に機能するものにしたいとの期待をうかがい知ることはできよう。

こうした市長の思いが市民意見聴取プロセスに具体化されるに至った。「神戸大3年時に阪神・淡路大震災が発生。神戸の小学校に泊まり込み、ボランティアの振り分けを担った。周囲が日常に戻る中、被災地にはボランティアが必要と感じ、学内に組織を設立した。家をなくし、住む場所を確保できない人がいた。『初めて、税金の使い道を意識した』。議員の被災者支援活動に参加し、政治の世界に触れた」（『神戸新聞』２０１０年11月16日）ことが、稲村市長の市民自治のまちづくりの原点であったことを考えれば、それは自然の成り行きであったといえよう。

図1　市民意見聴取プロセスの流れ

ステップ1
重要施策や計画などの策定に着手
⬇
ステップ2
・市民意向調査を実施
・市の素案を作成
⬇
ステップ3
・決定した市の素案を公表
・パブリックコメントを実施
⬇
ステップ4
市としての案を作成
⬇
ステップ5
結果の公表

（出所）尼崎市行財政推進課「市民意見聴取プロセスの流れ」より作成

市民の意向を踏まえて　市の素案が作成される

図1は、２０１２年1月から導入された市民意見聴取プロセスの流れを示したものである。

案件の着手から決定までの流れを5段階に分類している。一般的にパブリック・コメントとはこの図のステップ3からステップ5まで、つまり市の素案に対し寄せられた意見等を踏まえて市の案を決定する一連の手続をいう。これに対しこの制度では、素案作成までのステップ1とステップ2が「新たな取り組み」として加わっている。つまり市民の意向を踏まえて市の素案が作成されることが示されている。

こうした特徴をもつこの制度の目的は、「市民の市政への関心と理解をより高める」、「これまで以上に説明責任を果たす」ならびに「市政への市民参画をさらに促し、よりよい政策形成を図る」ことである。

以下では、この9月議会に上程された「尼崎市自治のまちづくり条例案」（当初は「尼崎市自治基本条例案」筆者注）の作成を取り上げて、ステップ1とステップ2にポイントを置いて、行政の取り組みと実際に市民が素案の作成にいかにかかわったかを見ていきたい。

◎ステップ1

自治基本条例の条例案の作成は、担当課（市民協働局　協働・男女参画課）が2015年11月に、「現状」「問題点、課題」「施策の策定にあたっての考え方」をコンパクトに記載した「基本情報」と、図2のようなプロセス、スケジュールを盛り込んだ「政策形成プロセス計画書」を公表したことにより始まった。

Ａ４版１枚の「基本情報」に記載された現状や問題点、課題において強調されていることは、次の通りである。

少子化・高齢化の進行や価値観やライフスタイルの多様化により、市民生活の課題やニーズも多様化している。しかるに、地域におけるコミュニティ活動に参加する世帯は減少し、担い手の高齢化が進んでいるのが現状である。こうした現状への対応だけでなく今後の動向を踏まえると、多様なまちづくりの担い手である行政と市民、事業者等の協働の取り組みの深化が重要となる。そうした協働の取り組みを進めるには、行政の意識改革とともに市民、事業者等との意識の共有が必要である。「こうしたことから、まちづくりに関わる各主体の権利や責務、役割など、協働のまちづくりを進めるためのルールについて誰もが共有できるよう、自治基本条例として明文化を図る」というのである。

そして施策の策定にあたっての考え方の欄には、「条例案の作成にあたっては、原案づくりの段階から市民参画を得るため、平成26年9月以降、市民懇話会やタウンミーティングを開催し、市民の意見聴取を重ねてきた。今後、これまで蓄積してきた市民意見を基に、住民自治に関する各分野の有識者の意見も聴きながら、条例案を作成する。（以降は省略。筆者注）」とある。

図 2 政策形成プロセス計画書

案件名：自治基本条例の条例案作成について

局課名：市民協働局 協働・男女参画課

【平成27年11月1日公表】

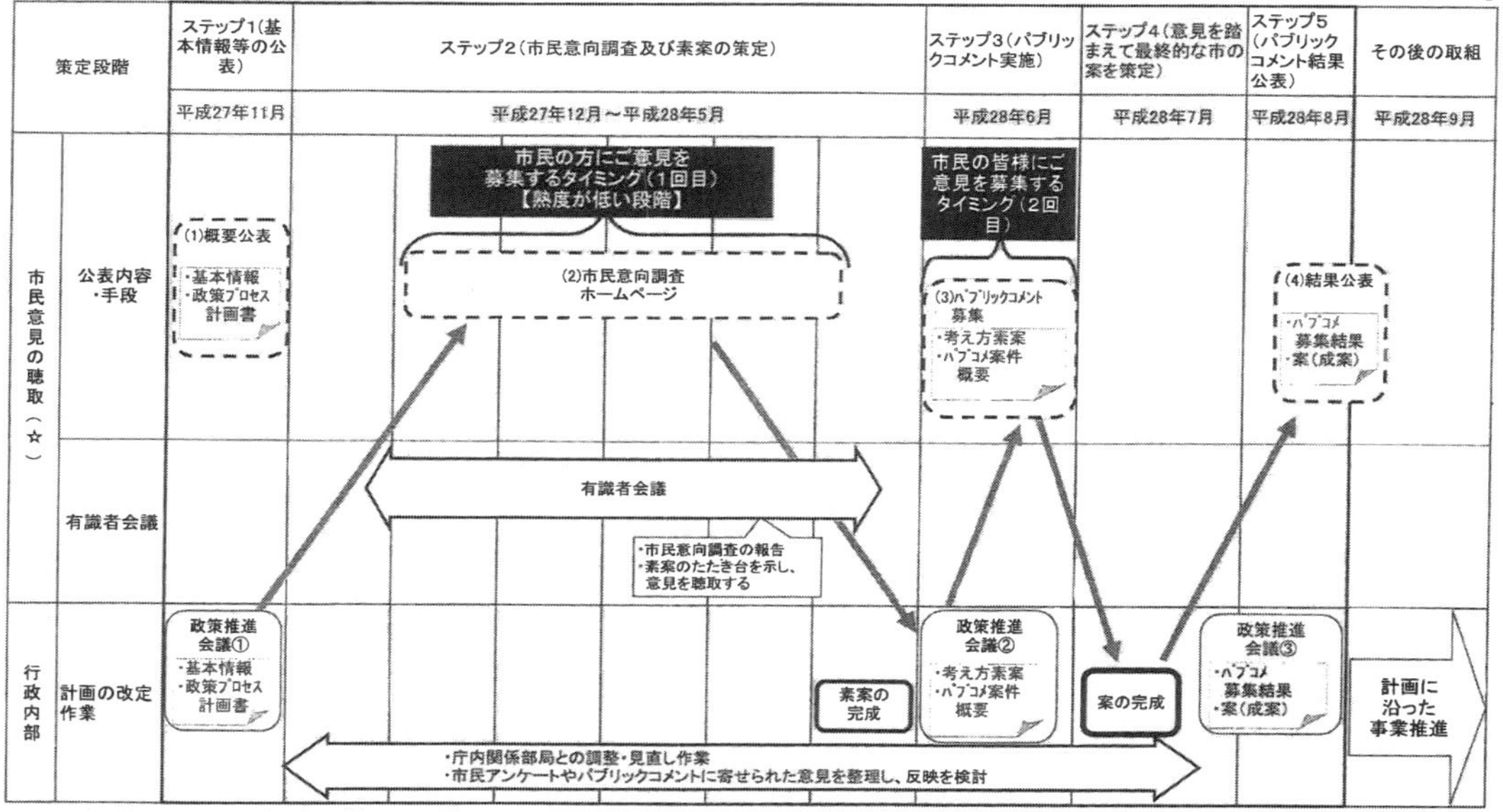

※市民意見聴取プロセス関連の取組（☆）は、随時、市報や市ホームページなどでお知らせします。

なおここで記述されている市民懇話会とタウンミーティングに関しては、ステップ2で触れることにする。

もうひとつの図2の「政策形成プロセス計画書」は、ステップ1から5までのそれぞれの策定段階において、「市民意見の聴取」がいかにして行われるのかと、計画の改定作業といった「行政内部」の動向を明示したものである。これによって市民は、自治基本条例案の作成過程が一望できるばかりでなく、市民としてその段階ごとにいかなる対応を取ることができるか知ることができる。

この図で注目したいのは、ステップ2で「市民の方にご意見を募集するタイミング（1回目【熟度が低い段階】）と、ステップ3で「市民の皆様にご意見を募集するタイミング（2回目）」とが強調されている。これこそが尼崎市民意見聴取プロセスの核心にあたるものであるから、当然といえば当然のことではあるが。

次にステップ2では「有識者会議」の開催は明記されているが、意向調査の柱である市民懇話会とタウンミーティングの開催する表記がないのは不思議でさえある。恐らくこれは市民懇話会とタウンミーティングがステップ1の着手前から、つまり双方にまたがって行われてきたためかと思われる。

以上の基本情報と政策形成プロセス計画書の公表は、すべてのパブリック・コメント案件で求められている。

しかしながら自治基本条例案の作成の場合は、これだけの文書では市民としてはなかなか意見の提出はし難い。そこで「前文」から「地域コミュニティ」までの11項目を例示した「条例を構成する項目」と、項目ごとに説明を加えた「条例を構成する各項目」が、着手の段階で担当課によって公表されている。後者の文書は、市民懇話会及びタウンミーティングにおける市民意見を基に作成されたものである。

これら4点の文書はホームページで公表されるほか、担当課や市政情報センター、各地域振興センター、阪急塚口サービスセンター、園田東会館、中央・北図書館でも備えられ、市民は内容を知ることができる。

◎ステップ2

ステップ2は、主に市民懇話会とタウンミーティングで市民意向調査が行われ、それに有識者会議も加わり、素案の策定までの一連のプロセスをいう。

まずは市民懇話会である。2014年9月にスタートし、16年6月までの12回にわたって開催された市民懇話会は、「尼崎らしいまちづくりのルールを考える市民懇話会」の略称である。

自治基本条例案策定の前段階として、尼崎らしいまちづくりのルールとはどのようなものかを考え、意見交換するために設置された。

市民懇話会のメンバーは47人の応募者から、性別や年齢構成を配慮して抽選で選出された30人である。そのうち9人が、これまでのさまざまなまちづくりの活動に参加してきた市民、残りの21人はそういう機会の少なかった市民で、無作為抽出や広報で応募してきた市民である。このように、できるだけ多様な市民の意見が反映するようなメンバー構成となっている。

各回、条例を構成する項目をテーマとして設定し、意見交換が行われている。その際、意見交換を活発に行う場づくりを担うため、大学教授と弁護士の2人の学識経験者がファシリテーター（議論を容易にする人）として参加した。また「より多くの参加者と意見交換を行う形を取り、参加者に新たな気付きを与え、個々の意見も発展させていく」ため、ワールドカフェ方式が採用された。

次に「自治基本条例をつくるためのタウンミーティング」であるが、2015年7月と8月の2か月間に市内6会場で行われたものと、16年5月に3会場で行われたものがある。このタウンミーティングは、尼崎市が地域性や多様性に富んでいるため、より幅広い市民から多様な意見を聴くために開催された。

前者は「地域コミュニティ」をテーマとして開催され、６会場で２３８人の参加者をみた。この時は、市長や研究者の話、意見交換の後に、たとえば「地域のつながりをつくるために個人としてどうすればよいか」の問いに、「振り返りシート」に自分の考えを書き落としていくグループワークが採用された。

後者のタウンミーティングは、前年のタウンミーティングで出た意見が条例案にいかに反映されたかの報告や、「地域のつながり」や「元気な地域づくり」に必要なことについて意見交換された。３会場で75人が参加し、56人の参加者から１７２件の意見が提出された。

大学教授、弁護士、社会福祉協議会理事長など６人からなる有識者会議の正式名称は、「尼崎らしいまちづくりのルールを考える検討会議」という。市民懇話会で出された意見について、専門家の立場から検討するために設置された。

２０１６年２月から６月にわたって、計４回開催された。検討会議の意見を取りまとめたものを見ると、実にきめ細かい検討がなされている。

以上のようにして、市民の意向を踏まえた素案づくりが進められた。

◎ステップ３

ここから、いわゆるパブリック・コメントの段階に入る。

それまで尼崎市「自治基本条例」案となっていたものが、この段階から「自治のまちづくり条例」案へと変更された。条例案の前文に自治のまちづくりとあるし、わかりやすいからだといわれる。

さてパブリック・コメントに際し、「パブリックコメント案件概要」と「(仮称)尼崎市自治のまちづくり条例(骨子素案)について」が公表されている。この案件概要には、他のまちではまず見られないと思われる記述がある。以下に、それを紹介したい。

「5　市民意向調査の概要」に、「条例案策定にあたり、幅広い市民から意見をお聴きするため、平成28年5月に市内3か所においてタウンミーティングを開催した。また、平成28年1月4日から平成28年6月21日までの間、尼崎らしいまちづくりについて考えていくために設置した市民懇話会等の配布資料やそこでいただいた意見について、市政情報センター等での閲覧およびホームページへの掲載を行った」とある。

さらに、「6　施策の検討過程」の「(2)策定過程で比較検討した複数案の主な項目と反映理由」に、「『互いにくらしやすい地域づくり』のためには、市民は法令順守に努めること、また市長等(行政)は法令順守を市民へ啓発することが必要であるという意見があった。しかし、法令順守に関することは当然のこととして、『互いにくらしやすい地域づくり』を考えたときに、何より『お互い様の精神で互いに理解することや対話を重視する姿勢』がより重要であるという考えから、現行の表現となった」とある。

こうした記述は、市民の意向を踏まえて素案がつくられるという尼崎市市民意見聴取プロセスならではのものである。

なお、パブリック・コメントは、7人から29件の意見が提出された。それらを踏まえて、条例案が最終的に作成されたことはいうまでもない。

以上、尼崎市市民意見聴取プロセスの概要を見てきた。市民からすれば、大変すばらしい制度である。しかしこうした一連の過程にたずさわる行政からすれば、大変な労力が必要とされる。このため市民意見聴取プロセスを実施した件数は、2013年度は9件、14年度は16件、15年度は10件であった。市民にとって重要なものに限定せざるを得ないが、尼崎市の試みはパブリック・コメントの将来の姿を先取りしているように思われる。

余談だが

多治見市の広報紙「たじみすと」2016年5月号に、「平成27年度意見公募手続（パブリック・コメント手続）の実施状況」が公表されている。それによると「意見公募の状況」では、公募案件は103件で、意見が提出された案件が7件、されなかった案件が96件に及ぶ。また、「法令の制定改廃により当然必要とされるため」などにより、公募を実施しなかった案件が99件になる。私はこういう実態と、自分のパブリック・コメントの体験を踏まえて、2016年5月13日の北栄地域地区懇談会で次のような質問をした。

「パブリック・コメントを実施するタイミングが市の政策方針を決定した後なので、市民の意見が反映されにくいと感じています。また、重要案件に絞るべきです。他市の事例を参考にして、実施方法を見直してはどうでしょうか」

これに対する回答は、「軽微なものは省略し、市の方向性が変わるような重要案件では市民の意見を募集します」というものであった。地区懇談会の質疑をとりまとめて地域に回覧される「地域回覧」にはこのように「他市」とあるが、わたしははっきりと「尼崎市」と発言したのであった。

後日尼崎市へ出向いた折、多治見市から市民意見聴取プロセスについて何か照会が来ていないか尋ねたところ、今のところ何もないとのことであった。

なお2012年6月議会では、パブリック・コメントの公募案件が多いので内容を精査する必要があるのではないか、質疑が交わされている。（2016年 9月　記）

3. 議会のパブリック・コメント
――四日市市議会における議案に対する意見募集◉三重県

議会改革の波

いくつかのまちが協力して行政事務を行う、いわゆる広域行政に関する私の最初の論文は、1980年の学部紀要に寄稿した地元岐阜県の「東濃西部広域行政事務処理組合について」である。それ以来私の研究スタイルは、もっぱら調査対象のまちへ足を運んで、担当課職員などからのヒアリングや会議録、行政資料などを閲覧したりすることとなった。

その頃はといえば、立派な図書館があってもそのまちの議会会議録が備えられていないところがかなりあった。また会議録はあっても会議案がないので、条例の審議などはさっぱり要領がつかめない。会議録に一般質問の質問項目がまとめて記載されていないので、読みたい箇所を見つけるのにひと苦労する。したがって、議会事務局に結局行くことになる。必要事項を依頼すると、どこの誰で、何のためか、とまず聞かれることから始まる。委員会会議録の閲覧、コピーに関しては、情報公開請求の手続が求められる。

今やこれらの点は大きく改善された。図書館での調査は手際よく進めることができるようになったし、調査に際し議会事務局も非常に協力的になったことを実感している。これはとりもなおさず、議会がより市民に開かれた存在となったことの反映である。

そしてまた私は、2011年出版の拙著『市政と向きあう―定年退職後の地域貢献』の中で、多治見市の地区懇談会に鑑みて、「行政はこのように積極的に出向いて、住民の意見を行政に生かすように努めている。議会はどうしてそういうことをしないのか、不思議でならない。これでは、議会はどう考えても行政に太刀打ちできないであろうと思うことがある」と述べたものが、今や市民と議会の「対話集会」として実現するに至った。

それでは今、なぜ議会改革が進められているのか。

ひとつには、2000年4月の地方分権一括法の施行により、国と自治体の関係は理念的には、「上下・主従」の関係から「対等・協力」の関係となった。その結果、自治体ははじめて多くの事務を自らの判断と責任で行うことができるようになった。もうひとつは、自治体は少子高齢化の進展や地方の衰退などのきわめて困難で重要な課題に直面し、その解決が求められている。このように、地方議会の役割は広範囲にわたり、その責任の度合いはこれまでとは比較にならないほど重くなったからである。

かくして議会は、議会としての役割を十分に発揮し、その責任を果たすために、議会改革に取り組むようになった。そしてまた、市民の信託に応え、豊かなまちづくりを実現するために、議会・議員の活動の原則、市民と議会との関係などを定めた議会基本条例を制定するに至った。

議会基本条例は2006年の北海道栗山町議会を皮切りに、今では多くの自治体で制定されている。多治見市の議会基本条例は2010年に制定されたが、それには既述の「市民との対話集会」のほか、「議員間の自由な討議」「市長による政策の形成過程の説明」「一問一答方式」「反問権」「議員の政治倫理」などの新たな取り組みが規定されている。なお「市長による政策の形成過程の説明」とは、市長が提案する重要な政策について、審議内容を市民にわかりやすくするため、その政策を必要とする背景と提案までの経緯、市政基本条例などとの整合性など、6項目に関する説明を求めたものである。また「反問権」とは、より論点の明確な質疑応答、より高い水準の政策が議員から提案されることなどを期待して、市長などが議員の発言に問い返しを行うことをいう。

議会改革度ランキング全国1位

四日市市は、かつて大規模な石油コンビナートの操業による大気汚染、それによる「四日市ぜんそく」で全国に知られたまちであった。現在は、世界にひらかれた四日市港を基盤として、石油化学コンビナートや各種産業が集積し、万古焼、お茶などの地場産業と合わせて、生産活動の盛んな活気のある都市であるとともに、四日市公害の記憶を世界に発信する役割も担っている。

次頁の表2は、四日市市議会の議会改革の主な取り組みを時系列的に一覧表にしたものである。この表だけでは分かりづらいので、議会改革の取り組みを「四日市市議会基本条例」の3本の柱、「市民との情報の共有」「市民参加の推進」「議員間討議の活性化」に分類して見てみよう。

まず「市民との情報の共有」では、各定例月議会後に行う議会報告会、シティ・ミーティングがある。これは年4回、予算と決算を除く四つの常任委員会ごとに、議会報告会とテーマごとのシティ・ミーティングが開催されるものである。しかもそこで出された市民の意見に対しては、議会として協議し、市民にフィードバックされる。その他、各定例月議会の内容について議長が行う記者会見や、委員会のインターネット議会中継がある。

次の「市民参加の推進」では、市議会モニター制度の実施、参考人制度の活用、委員会に

表2　四日市市議会の議会改革の主な取り組み

年月	項　目
2004. 11	市議会モニターの設置
2005. 1	四日市市民自治基本条例（理念条例）の制定（議員提案）
10	議員政策研究会の設置
2006. 11	シティ・ミーティングを市内3会場で開催
2011. 3	四日市市議会基本条例を制定（議員提案）
5	通年議会の開始
6	請願趣旨の聴取の実施
10	初の議会報告会を開催（以降、定例月議会ごとに開催）
2012. 3	四日市市議会における参考人の実費弁償に関する条例を制定（議員提案）
11	議会報告会、シティ・ミーティングの市民からの意見について議会として協議し、市民へフィードバックすることとした
12	議長の定例記者会見を開催
2013. 6	4つの常任委員会の模様のインターネット中継を開始
7〜10	専門的知見の活用（四日市市の補助金に関する調査業務委託）
10	本市のスポーツ振興に関して市長に提言（政策提言）
2014. 3	市議会交際費の支出状況をホームページに掲載
3	決算常任委員会所管事務調査報告書「補助金調査について」市長に提言（政策提言）
8	各定例月議会における議案に対する意見募集を8月定例月議会から開始
12	四日市市市民協働促進条例を制定（議員提案）

（出所）『四日市市議会の改革について』2016年度版より作成

おける請願者からの意見聴取などがある。このうち市議会モニター制度は、議会運営などに関し、市民からの要望や意見を聴取し、「市議会の円滑かつ民主的な運営を推進する」ために、2004年度からスタートした。モニターは推せん、公募を含め50人程からなり、会議の傍聴や議会との意見交換会などに出席し、議会運営について意見を述べたりする。

「議員間討議の活性化」としては、議員政策研究会を開催し、議員間の活発な意見交換を行い、政策提言や条例制定につなげている。また13年度には、四日市市の補助金に関する調査業務を学識経験者に委託するという専門的知見を活用した調査を行い、市長に政策提言を行った。

以上のような先進的な議会改革を積み重ねてきた結果、早稲田大学マニフェスト研究所の「議会改革度調査2013」で三重県に次いで2位となった。

また、2013年6月の『日経グローカル』の第3回議会改革度調査において、全国市区議会の議会改革度ランキング1位となった。ただしそれは、改革を目指して取り組んできたからではなく、議員の一人ひとりがおかしいと思ったことや、不都合と考えたことをひとつひとつ解決してきたことの積み重ねの結果だという。ちなみに多治見市議会は、早稲田大学マニフェスト研究所の「議会改革度調査2015」で、全国89位となった。

各定例月議会における議案に対する意見募集

そしてまた、もうひとつの新たな取り組みが加わった。2014年8月議会から開始された「各定例月議会における議案に対する意見募集」である。ここでは、それを報道した『朝日新聞』(2014年8月17日)の記事を参照しながら紹介する。

この取り組みは行政の行うパブリック・コメントになぞらえるならば、その議会版とも言うべきものである。周知のようにパブリック・コメントとは、行政が条例の制定など市民にとって重要な議案に関しては、広く市民に原案を公表し、それに対して提出された意見を考慮して意思決定を行う制度である。これに対し、この取り組みは次の通りである。

四日市市では年4回の各定例月議会に先だって、行政は提出する予算や条例について市議に説明する。それを受けて議会は、市民にとって重要と思われるものをホームページで情報提供を行い、市民の意見を求める。そしてその寄せられた意見を参考にして、議員は委員会の審議に臨む。以上のように、議案をチェックする議会が市民の意見を募るという、議会への市民参加の新たな方式である。

これが導入されるきっかけとなったのは、中森慎二議長がその年の5月の議長選で提案したことによる。四日市市議会は既述したように、年4回の議会報告会とシティ・ミーティングを開催しているが、参加者が減少傾向にある。私の調査したところでは、２０１１年10月の最初の議会報告会の参加者は１８６人を数えた。それが議長選直前の14年３月の議会報告会の参加者は66人にとどまった。参加者のこうした減少もさることながら、若者や女性の参加者が少ないことが問題である。こうした現状に対応して、インターネットを活用して、より幅広い意見を集め、把握し、議会活動に反映するために考え出されたのであった。

しかしこの取り組みには、次のような課題が指摘されている。

議会がホームページで情報提供し、市民から意見を求める場合、いかなる対象議案を選択するかである。対象議案を決めているのは議会の広報広聴委員会であるが、数十件に及ぶ議案では多すぎる。そこで市民にとって重要な、しかも市民の関心が高そうなもので、議会で対応できる4、5件に絞ってスタートしている。将来は増やしていくことが検討されている。

いまひとつの課題は、議会に寄せられた意見を「どんな位置づけで扱うか明確にする」必要があること。現在はそれを「議会の意思にするものではなく」、議案審議の参考にするという位置づけである。

ところでこれまでも、議案に関し個々の議員に対して、市民は意見を言うことはできた。しかし議会に対して意見を提出することは、考えられもしなかったであろう。それが議案審議の参考にとどまっても、議会として市民の意見を受け止めるシステムが構築されたのである。この意義は大きい。自分の意見が議会にどう受け止められたか。ネット中継で、あるいは議会だよりで知ることができる。それによって市民と議会との情報共有が進み、市民にとって議会は身近な存在となる。他方議会にとっても、議会の見解が変わることはなくても、議会という枠内での考えに新風を吹き込むものとして期待される。

なお、これまでの議会改革に加えてこの取り組みが評価されて、2014年11月四日市市議会は、全国の地方自治体の首長・議会・市民などの活動を表彰する「第9回マニフェスト大賞」で優秀成果賞を受賞したのであった。

2015年2月定例議会の場合

それでは、2015年2月定例議会の場合を取り上げて、この取り組みの実際に触れてみたい。2月定例議会における議案に対する意見募集は、2月6日の市議会ホームページ（メールアドレスつき）に議案および議案資料を掲載し、2月20日まで意見を募集する旨の記事が、『よっかいち　市議会だより』の「11月定例議会号」（15年2月5日発行）に掲載されることから始まる。同じページには、2月12日の初日から3月23日の最終日までの「2月定例議会の予定」も掲載されている。それを見て思うことは、市議への事前説明から、広聴広報委員会がホームページに議案を掲載するまでの時間が大変短いことである。意見の募集期間は2週間であるが、しめきりの20日は委員会開催の5日前である。したがって、議会が寄せられた市民の意見を検討する期間として5日ほど確保されていることになる。

年4回の意見募集はほぼこうしたスケジュールで進められているが、2月議会は予算の関係で議案の数が9件と多いのが特徴的である。

今回の9件の議案に対して寄せられた意見の総件数は、9人から18件に及ぶ。その議案ごとの応募件数と応募者の男女別、年代別の内訳を示したものが、表3である。

この18件という数字は、毎回ほぼ15件前後なので少し多めである。男女別、年代別に関しては、他のケースの資料を持ち合わせていないのでコメントはできない。しかし若者や女性の意見を幅広く議会活動に反映したいというこの取り組みの目的からすれば、このケースはそれなりの成果があったといえるかもしれない。

議案に対する意見募集に寄せられた意見は、議案ごとに常任委員会名を明記した一覧表にまとめられて、全議員に配布され、議案審査の参考とされる。また議会だよりの「各定例月議会における議案に対する意見募集について」の中で、前回の定例月議会で募集した議案と主な意

表3　2015年2月定例月議会における議案に対する意見募集に寄せられた意見

総件数　18件

（内訳）

No.1　防災倉庫整備事業（当初予算）について ………………………2件

No.2　新消防分署整備事業（当初予算）について ……………………2件

No.3　四日市市子どもの医療費の助成に関する条例の一部改正について（議案第118号）及び子どもの医療費助成事業（当初予算）について ……………………………………………………………………2件

No.4　地域型保育事業（当初予算）について …………………………2件

No.5　安全なまちづくり推進事業（防犯カメラ設置費分）（当初予算）について ……………………………………………………………2件

No.6　四日市市企業立地促進条例の一部改正について（議案第120号）及び企業立地奨励金交付事業（当初予算）について …………2件

No.7　鳥獣被害防止対策事業（当初予算）について …………………1件

No.8　四日市公害と環境未来館事業（当初予算）について …………1件

No.9　内部・八王子線運行事業（当初予算）について ………………4件

＊住所、名前、電話番号については、事務局で把握しております。

＊合計9人

・男性6人（内訳：40歳代3人、60歳代2人、70歳以上1人）

・女性3人（内訳：50歳代1人、60歳代2人）

＊ご意見総数　6件…1人、3件…2人、1件…6人

見の概要が掲載される。

以下参考までに議案№８「四日市公害と環境未来館事業（当初予算）について」を取り上げて、議案に対する意見募集と寄せられた意見ならびに議会だよりの主な意見の概要を紹介する。

この議案に対する意見募集は、「『四日市公害と環境未来館』が3月21日にオープンします。環境改善のまちづくりと産業発展の中で得た知識と経験を活かし、都市と環境が調和するまちづくりを進め、広く国内外に情報発信し、未来に豊かな環境を引き継ぐため、本市が目指す環境都市のシンボルとなるものです。今後の事業の運営について、さまざまなご意見を募集いたします」で始まり、以下この事業の目的、内容、予算額と続く。

四日市公害と環境未来館（四日市市HP）

これに寄せられた意見は、「産業発展の影で発生した公害、被害の実像、人々の苦悩の実体を教訓として社会に示し、住民、企業、行政が取り組んだ過程を、資料、データ等にまとめ、広く紹介することは『ノーモア公害』のために意義深いです。……そこで、『公害と環境を考えるバスツアー』を設定すれば、『論より証拠』、館内展示の内容と関連して、来館者の理解をより深めると考えます。この予算は計上されていますか？　大気公害は、屋内展示と屋外展示の相乗効果で、見る人に魅力づけると思います。（男性・70歳以上）」

議会だよりの主な意見の概要には、「公害と環境を考えるバスツアーを企画すれば、来館者の理解がより深まるのではないか」とある。

四日市市議会における議案に対する意見募集は以上の通りであり、大変興味をそそられる試みである。

多治見市議会の市民意見公聴会での私の発言

ところで話は変わるが、多治見市議会によって議員定数と議会のあり方について考える市民意見公聴会が、２０１６年9月30日に開催された。それに出席した私は、次のような趣旨の発言をした。

(1)　多治見市議会にとって初めてと思われる公聴会が、今日開催されたことを私は大変嬉しく思う。議員は市民の信託を受けた市民の代表であるので、今後とも議会が重要な課題に直面した場合には、今日のような市民と議会との意見交換会を是非開催して欲しい。

(2)　議員定数を考える視点として、多治見市議会基本条例には「議員定数は、市政の現状と課題、将来の予測と展望などを考慮し、行財政改革の視点だけではなく、多様な民意を十分に議会に反映できるものとします」とある。しかしそれだけではなく、日本で初めて議会基本条例を制定した北海道「栗山町議会議会基本条例」にあるように、「議員活動の評価」の視点も重要であると思う。

(3) 議員活動の評価という点から考えると、多治見市の広報紙の発行を月2回から1回にしたこと。年2回開催の地区懇談会を前期だけの1回にし、後期は選択制の意見交換会としたこと。総合計画の策定期間を2年間から1年間に短縮したことなど、「多治見市市政基本条例」の精神にもとるような施策を許してきた市議会に、私は及第点をとうていつけるわけにはいかない。

(4) この8月29日に、四日市市議会の川村幸康議長、早川新平副議長から聞き取りを行った。その際、議会改革を行政はどう受け止めているか尋ねたところ、「行政が間違ったことをしようとすれば、議会がチェックしてくれるから、行政は歓迎していると思うよ」という言葉が笑いながら返ってきた。議会が行政をチェックするのは当たり前のことであるが、たとえそれが冗談であったとしても、そこまで自信を持って言える議会はすばらしいと思った。多治見市議会もぜひそのようであって欲しい。(2016年10月　記)

4. 権利侵害に関係なく市政に異議申立てができる

——多治見市是正請求制度◉岐阜県

はじめに

「多治見市市政基本条例」では、次のように規定されている。

「(是正請求制度)

第30条　市は、市の行為などに対して是正を求める請求を公正かつ中立的な立場で解決し、簡易迅速に市民の権利利益の保護を図るとともに、市政の適正な運営に資するため、是正請求制度を設けなければなりません。

2　市は、次の職務を行う審査機関を設置しなければなりません。

(1) 是正請求がなされた案件に関して調査し、必要に応じ、是正、改善に関する措置について市に対して判断を述べること。

（2）是正請求の原因となった制度の改善について、必要に応じ、意見を表明すること。
3　審査機関は、市の事務事業に関し、自ら調査し、制度の改善を求める意見を表明することができます。
4　是正請求制度に関して必要な事項は、別に条例で定めます」

以下の前半は、拙著『それはないよ！〈市民自治〉の息づくまちへ』で述べた「多治見市是正請求制度とは」に、若干の加筆修正したものである。

後半では、実際にかなりの数の是正請求を私は試みてきたので、それに関して総論的に自分が思ったり、感じたりしたことを述べたいと思う。

是正請求制度の成り立ち

わが国でこの制度が導入されている自治体は、私が知る限りでは多治見市だけである。このためほとんど知られていない制度なので、少し説明を加えておきたい。

制度の概要を述べる前に、まず多治見市にこの制度が導入されるに至ったプロセスをみてみよう。そうすることによって、この制度への理解がより深まると思われるからである。

多治見市是正請求制度は、「多治見市オンブズパーソン条例」（01年9月議会提案・否決）、「多治見市市政に関する権利侵害の申立て及び公益通報に関する条例」（05年12月議会提案・06年3月議会審議未了廃案）を経て、09年12月議会で提案・可決をみた「多治見市是正請求手続条例」の制定により、実現したものである。成立までになんと8年あまりの年月が費やされている。これらの条例は制度の仕組みはそれぞれ違うが、その根底にあるのは次のような考え方である。

時として、市民は行政の対応に納得できない事態に直面する。双方の無理解による場合もあれば、制度自体が時代に合わなくなった場合もあるなど、その要因はさまざまである。いずれにせよ、行政と市民との間のトラブルは避けがたい。

そこでレフェリー役を果たす第三者機関を設置して、市民の苦情申立てに対応して、的確な判断をしてもらう。その結果必要があれば、是正や改善の措置が取られる。こうすることによって市民の理解も得られ、スムーズな行政運営が可能となる。

こうした制度導入の必要性を痛感していた当時の西寺市長が試みたのは、オンブズパーソン制度の設置である。このオンブズパーソンとは言うまでもなくオンブズマンのことで、男女共同参画の施策を進めていた関係でパーソンという言葉を使っているにすぎない。オンブズマン制度は、川崎市をはじめ少ないがすでにいくつかの自治体で導入されており、議会の同意も得られやすいと考えられたからであろう。

しかしながら、市民の苦情に対するものとして、庁内に市民情報課の窓口があり、市長と市政を語る会もある。何よりもそのために活動する議員や議会が存在する。さらに監査委員もいる。こうしたもので住民の苦情に十分に対応できるので、オンブズパーソン制度の設置は「屋上屋を架す」ものにすぎない。また職員が、もっと市民感覚を持つような職員研修を徹底すればよい、といった批判が議会で噴出している。この議案の賛成議員は、たった1人であった。まさにさんざんであった。

行政はしかしながら、これであきらめたのではなかった。西寺市長は念願の「多治見市自治体基本条例」を05年9月議会に提案したが、その条例に関連して「多治見市市政に関する権利侵害の申立て及び公益通報に関する条例」を、同年の12月に提案するに至った。

オンブズパーソンに代わって、「市民の権利利益の擁護者及び職員の法令遵守の監視者」として「市政監察員」を議会に設置しようとするものである。この市政監察員も、オンブズパーソンと同様に法律にくわしい人ということで弁護士が想定されていた。

権利侵害と公益通報という二つの異なる制度を一つの条例で設置することへの批判に加え、市政監察員を行政ではなく議会に設置することへの是非が、議会での重要な争点であった。

しかし、自治体基本条例もろとも06年3月議会で審議未了廃案に追い込まれた。なお自治体基本条例は、「多治見市市政基本条例」として06年9月議会で提案、可決・成立をみた。

この成立した市政基本条例に市民の権利利益の保護のため、「権利救済制度」の設置が規定されていた。したがって権利救済制度の設置は、相変わらず行政の緊急課題として残されていた。しかし2回にわたっての議会の審議状況からすれば、それは前途多難であった。

ちょうどその時「渡りに船」となったのは、国会での「行政不服審査法」の全部改正と「行政手続法」の一部改正である。1962年に制定された行政不服審査法が自公政権下で全面的に見直されて、これまで以上に公正でしかも利用しやすい簡易迅速な手続により、国民の権利利益の救済を図る「行政不服審査法案」と「行政手続法の一部を改正する法律案」が、第169国会に提出(08年4月11日)された。この改正には、審理員による審理手続の導入と国の第三者機関たる行政不服審査会への諮問手続を経て、最終的な裁決を行う仕組みが盛り込まれていた。

これらの法案自体は、衆院解散(09年7月21日)により審議未了廃案となった。しかし多治見市はこれらの法案への対応を見すえて、法案に盛り込まれた制度を骨子とする「多治見市是正請求手続条例」を09年12月議会に提案したのであった。なおこの条例は、これまでの二つの条例とは違って、具体的な利害関係がある場合の救済だけが目的ではない。市政の適正な運営のために、だれでも市の行為が適正でないと考える時は、その是正を請求できるという条例である。

市議会では、行政不服審査法案などの今後の見通しや、この条例が複雑でわかりにくいこと、職員から選定される審理員が公平・中立な立場に立てるのか、その他是正行為とその適用除外などが問題となったが、全会一致で成立をみた。

こうした経緯をみれば、多治見市で是正請求制度が導入されるに至ったのもそれほど不思議ではない。なお、是正請求手続条例の可決・成立とともに、多治見市市政基本条例の「権利救済制度」の文言は、「是正請求制度」に改められた。

また、「情報公開審査会」と「個人情報保護審査会」が是正請求審査会に統合されたほか、行政不服審査法に基づく不服申立ても、この制度で取り扱われることになった。

是正請求制度の仕組み

さて次は、その仕組みである。

是正請求手続条例は、市の内部手続を明確にするという性格があるため、条例は長文のうえ複雑で、市民にとって理解しにくい。このため、市民にわかりやすいように周知して欲しいという要望が、議会でも聞かれた。これを受けて多治見市は条例成立後、是正請求制度のあらましを紹介した「多治見市是正請求制度～市の判断に納得がいかないときは～」(10年3月)という小冊子を作成した。行政としては珍しく、漫画で紹介したものである。ここでは、多治見市の広報紙「たじみすと」(10年3月1日号)に掲載された図3に基づいて説明したい。

権利救済を求める市民に限らず、市の行為等に対して納得できない人は、誰でも請求できる。Ⓐの「是正請求」の「誰でも請求できます」というのは、そういうことである。

是正請求に際しては、是正請求人は「是正請求書」を「審査庁」(是正請求を受け付ける市の機関のことで総務課)に提出する。「是正請求の趣旨及び理由」など、決められた様式にしたがって書くことになっている。

この是正請求が「不適法」、つまり請求できないものでない限り、あらかじめ作成した法制担当課の管理職等からなる「審理員候補者」名簿から、審査庁が審理員を指名する。

なおここに「請求できないこと」が例示してある。そのひとつに「議会の議決」とあるが、議会の議決そのものは対象外であるが、その内容で市が行った市の行為はその対象であることはいうまでもない。こういう場合、審査庁は是正請求そのものを却下する。

図3　是正請求制度の仕組み

「市役所の対応に納得できない」そんなときは…
～4月1日から是正請求制度の運用が始まります～

市役所に申請を断られ、その理由に納得できない場合など、市の判断や制度に疑問があるときは、まず、担当課で十分説明させていただきます。それでも疑問が残る場合、第三者が中立的な立場で話を聴き、市が間違っていたら改めるよう意見を述べる制度が是正請求制度です。

「納得できないな」と感じたら、この制度を利用してください。

請求できること

・市の行為（意思決定や活動）
　施設の使用許可・不許可、補助金の申請や貸し付けの申し込みに対する回答 など
・市の不作為（行為がないこと）
　申請や申し込みに市が回答をしない　など
　※行政不服審査法に基づく不服申立ても扱います
　※法律や条例に基づく行政処分に限りません
　※行政指導（市からのお願い）も含みます

請求できないこと

・議会の議決
・地方税法の違反に関すること
・学校で教育のために行われること
・その他
　※住民監査請求などほかの制度が利用できる場合は、そちらを利用してください
　※詳細は問い合わせください

（出所）多治見市広報紙「たじみすと」2010年3月1日号
ただしⒶⒷⒸⒹは筆者による

さて審理員の指名により、Ⓑの「審理」に入る。

審理員は市職員であるが、公平・中立の立場から関係者から話を聴いたり、調査したりして、審理を行う。具体的には、「行為庁」（是正請求の対象となった行為等をした市の機関）から弁明書、是正請求人から弁明書に対する反論書の提出を求める。また、請求人に口頭意見陳述の機会を与えたり、証拠書類等の提出を審理関係者に求めることができる。そして審理手続を終結した時は、審理員は「審理員意見書」（審査庁がすべき決定に関する意見書）を作成し、審査庁に提出する。つまり、是正請求に対する審理員の判断が下されるのである。

これで一件落着しない場合、審査庁は市の職員でない第三者機関である是正請求審査会に諮問する。是正請求はⓒの「調査審議等」に入る。

是正請求審査会は、「審査会の権限に属する事項に関し公正な判断をすることができ、かつ、法律又は行政に関し優れた識見を有する者及び市民のうちから、市長が委嘱する」7人以内の委員から構成される。このように弁護士や大学教員などの有識者に加え、市民も含まれるのである。審査会は審理員意見書を踏まえながらも、改めて請求人の口頭意見陳述の機会をもつなど、さらに検討し、請求の可否を審議する。そこで一致をみたものが、諮問に対する答申として審査庁に提出される。

多治見市は、この答申を尊重して是正請求に対する対応を決定する（Ⓓ）。

以上のように、市の行為等に関する市民の是正請求に対し、審理員による審理と是正請求審査会の諮問を経て、市の対応が決まるのが多治見市是正請求制度である。

是正請求制度運用状況

それでは以上の是正請求制度に基づく是正請求が、市全体ではどれくらいあったのか。またどんなことで是正請求が行われ、その結果はどうであったのか。この制度は2010年4月1日からスタートしているので、まだそれ程時間が経過していないが、次にそれをみてみよう。

多治見市は、是正請求手続条例に基づく「是正請求制度運用状況」を毎年広報紙で公表している。それには「是正請求件数」と簡潔にまとめた「請求事案及び結果」が、掲載されている。それをそのまま6年間のものを一覧表にしたものが、表4である。

なお審査会の答申それ自体は、ホームページ「是正請求事案答申の公表について」で知ることができる。

さて表4によれば、スタート時の3件から始まった年間の是正請求件数は、それ以降5件、4件、6件、5件、4件と続く。オンブズパーソン条例に関し行政が予想していた2桁の苦

（4）公文書部分公開決定（平成25年5月7日多区整第56号）に対する異議申立て　処理内容：認容
○（5）地区懇談会の運営方法などの見直しについての是正請求
処理内容：棄却
（6）個人情報不存在決定（平成25年7月18日）についての是正請求
処理内容：審理中
○（7）録音記録の保存についての是正請求　処理内容：審理中
○（8）広報たじみの記事についての是正請求　処理内容：審理中

〈2014年度〉

是正請求件数　5件
請求事案及び結果
（1）個人情報不存在決定（平成25年7月18日）についての是正請求
処理内容：棄却
（2）録音記録の保存についての是正請求　処理内容：棄却
（3）広報たじみの記事についての是正請求　処理内容：棄却
○（4）平成26年3月31日付是正請求棄却に対する異議申立て
処理内容：却下
（5）子どもの権利擁護委員会の調査打切り等に関する異議申立て
処理内容：棄却
○（6）選択制の意見交換会開催に関する是正請求　処理内容：審理中
（7）滞納処分に関する異議申立て　処理内容：却下
○（8）公募委員の選考に関する是正請求　処理内容：審理中

〈2015年度〉

是正請求件数　4件
請求事案及び結果
（1）選択制の意見交換会開催に関する是正請求　処理内容：棄却
（2）公募委員の選考に関する是正請求　処理内容：棄却
○（3）「第7次総合計画基本構想（素案）のまちづくり基本方針の柱」に関する是正請求
処理内容：棄却
○（4）意見交換会の改善に関する是正請求　処理内容：審査中
○（5）是正請求審査会答申案作成に事務局が関与することに関する是正請求
処理内容：審査中
○（6）市民病院への改善を求める意見に対する対応に関する是正請求
処理内容：審査中

（出所）各年度の「たじみすと」による。ただし、2014年7月1日号の「たじみすと」によれば、2013年度の是正請求件数は6件とすべきものが7件となっているが、訂正した数字である。なお、○印を付したものは、私が行った請求事案である。

表４　是正請求制度運用状況

〈2010年度〉

是正請求件数　3件
請求事案及び結果
(1) 児童手当相当額支払請求　　処理内容：棄却
　　　（なお、担当課における児童手当支給事務について改善を求める）
(2) 除住民票交付拒否に係る異議申立て　　処理内容：棄却
○(3) 公文書部分公開決定に係る異議申立て
　　処理内容：非公開とした部分のうち、個人情報に当たると考えられる部分を除き公開とする

〈2011年度〉

是正請求件数　5件
請求事案及び結果
(1) 差押処分に係る異議申立て　3件
　　処理内容：異議申立ての却下（1件）：審理中（2件）
○(2) 公文書部分公開決定に係る異議申立て　2件
　　処理内容：非公開とした部分のうち、印影部分以外の部分を公開とする（1件）：是正請求の棄却（1件）

〈2012年度〉

是正請求件数　4件
請求事案及び結果
(1) 市税滞納処分による差押えに係る異議申立て　2件
　　処理内容：棄却（2件）
○(2) ボランティア袋の取扱に係る是正請求　　処理内容：棄却
(3) 高額療養費の領収書のチェックのための再提出についての是正請求
　　処理内容：審理中
○(4) 指定管理者の自主事業に係る是正請求　　処理内容：却下
○(5) 青少年まちづくり市民会議が支払う使用料の減免についての是正請求
　　処理内容：審理中

〈2013年度〉

是正請求件数　6件
請求事案及び結果
(1) 高額療養費の領収書のチェックのための再提出についての是正請求
　　処理内容：棄却
(2) 青少年まちづくり市民会議が支払う使用料の減免についての是正請求
　　処理内容：棄却
(3) 公文書部分公開決定（平成25年4月8日多総第24号）に対する異議申立て
　　処理内容：認容

情件数（「総務常任委員会会議録」01年9月1日）に比べると、今のところ少ない。この間に私の行った請求件数は15件に及ぶが、それはこれまでの累計件数27の半数を超える数字である。

請求事案に関しては、まさに多種多様であるが、その中でも情報公開と差し押さえに関する異議申立てや、地区懇談会の見直し（選択制の意見交換会）問題にかかわる件数が多い。異議申立てに対する市の決定は、情報公開にかかわるものを除くと、２０１６年度になって市の決定をみた市民病院の改善を求めた是正請求を除いてすべて棄却（もしくは却下）である。もっとも棄却であっても、答申の「意見」により実際には請求人の主張が認められたケースもあるが、請求人にとっては厳しい結果となっている。行政サービスが法律や条例、規則に基づいて遂行されている場合、それに異議を唱えてもなかなからちがあかない。

以上、多治見市是正請求制度について述べてきた。

長い審理期間

多治見市是正請求制度は前述のように、直接的な権利侵害がある場合の救済だけが目的ではない。市政の適正な運営のために、だれでも市の行為等が適正でないと考える時は、その行為等の是正を請求できるという大変すばらしい制度である。ひとりの市民としてこれをとても誇りに思うし、またこの制度が全国に広まるのを期待したい。

しかしその運用や取組みに関しては、多くの是正請求を実際に試みてきた者として、いくつかの問題を指摘せざるを得ない。

そのひとつは迅速に対応するために、是正請求から市の決定までの標準審理期間が是正請求手続条例では、特別の理由がある場合を除き3月を上限として定められている。しかし私が試みたケースでは、それを超える場合がむしろ常態化し、3月以内に決定をみたのが稀であった。

審理期間は是正請求→審理員指名→行為庁弁明書提出→申請人反論書提出→審理段階の口頭意見陳述→審理員意見書提出→是正請求審査会へ諮問→是正請求審査会開催（口頭意見陳述を含む）→答申→決定という段階からなる。最も時間を要するのは、言うまでもなく是正請求審査会で、請求事案一件につき大体3回は開催される。

ところで2015年12月8日の総務常任委員会で、13年度と14年度の是正請求の件数、認容率ならびに期間について、質疑が交わされている。「期間については、案件によって異なるものの、平均3か月程度で審理が終了している」と行政は回答しているが、果たしてそうなのか。私のケースを取り上げてみよう。

表4の是正請求運用状況のうち、私が是正請求を行ったものには○印をつけておいた。13年

度と14年度のそれについての審理期間を記すと、次の通りである。13年度の⑸は約10か月、⑺は14か月、⑻は9か月、14年度の⑷は15日、⑹は10か月、⑻は5か月となっている。こうした実態なのに、平均3か月程度で審理が終了しているとはとても言えたものではない。

ここで審理期間が最長の14か月と最短の15日のケースについて、若干のコメントを加えておきたい。

前者の「録音記録の保存についての是正請求」は、13年8月30日に請求が行われ、市の決定をみたのが14年10月23日であった。是正請求審査会への諮問は13年12月2日に行われたのに、第1回の審査会は14年4月18日、第2回の審査会は6月27日、答申の決定をみた第3回は10月6日に行われている。確かに諮問までの期間も少し長いが、どういう訳か分からないが、審査会の開催が非常に遅くなったことが長期間の原因と思われる。

後者の「平成26年3月31日付是正請求棄却に対する異議申立て」の請求は、14年4月7日に行われ、4月22日に決定をみた。この是正請求は、条例で適用除外を定めたものに該当するため、「不適法」により却下となったので、わずか15日間で決着したのであった。

後日この2年間の請求事案11件すべての是正請求日と決定日を調べたところ、平均的な審理期間は短く見積もっても6・6か月で、標準審理期間の2倍以上かかっている。

なおスピーディな情報公開と中立人の負担軽減のために、是正請求審査会に統合された「情報公開審査会」の復活を求める一般質問が、２０１１年９月議会で行われている。これは統合された結果、審理員による審理のプロセスが必要となり、それが不服申立ての処理時間を増やしたばかりか、２回の意見陳述が強いられるので中立人の負担が増えることになる。したがって情報公開の不服申立てに関しては、是正請求制度の対象からはずしたらどうかという質問である。

これに対する当局の回答は、審理員の審理によって処理時間が増えたとは考えていない。また意見陳述の機会が増えたのは中立人の主張を述べる機会の充実であると考えているし、意見陳述しなくても中立人の不利益にはならない、というものであった。

私は審理員の審理のプロセスでむしろ問題とすべきは、この是正請求手続条例が議会に提案された時にも問題となった審理員の中立性である。つぎにこのことを取り上げたい。

問われる審理員の中立性

審理員が是正請求制度でどのような位置を占め、役割を果たすのか。それは既述した「是正請求制度の仕組み」に今一度立ち返ってもらいたいが、ひとことで言えば請求案件の論点整理と一定の判断を下す人であると私は理解している。そして審理員の意見書は、是正請求審査会が審議する際の重要なベースとなるものである。

こうした大きな役割を果たす審理員が、職員の中から審査庁によって指名される。それでは問題があるので、条例では「審理員は、その良心に従い、独立して」職務を果たすことと、そうした審理員の中立性を担保するために、「多治見市職員による公益通報に関する条例による保護を受ける」ことが規定されている。

以上のような規定にもかかわらず、それでもなお審理員の中立性に関して次のような質疑が交わされた。

職員が審理員となるため、「非常に審理員として仕事が偏ってこないのか」という質問に対して、「これは市の職員が審理員で中立が保てるかというようなことだろうと思いますが、匿名ではなくして、氏名を公表した上でその職務に当たるということで、この条例にありますように中立の立場で公平に審理する。そして、その結果については審査庁に、多くは市長になると思いますが、報告をしまして、そしてそれが市長の方から審査会に書類として出ていくわけでございます。そういうようなことから、中立性を保たないような、いいかげんだと言ってはいけませんが、偏ったようなことを出すわけにはいかないような縛りがございます」というのが答弁である。

審理員の氏名が公表されていること。また審理員意見書が審査庁（市長）を経由して是正請求審査会へ提出されることから、審理員の中立性が保たれるというのである。

しかしながらいくつかの審理員意見書の中には、私からすれば行為庁の行為をもっぱら正当化するために、つまり申請人の主張をしりぞけるためとしか考えられないような記述が見られた。前書でもそれについて折につけ触れたが、ここで二、三取り上げたい。

その1　予算と決算が公表されることは百も承知なのに

古川市政になって多治見市は、企業誘致に積極的に乗り出した。鉱山跡地を工業用地にするというこれまでになかった発想で、山吹テクノパーク（30ha）にトヨタ自動車の研修センターが進出することになった。ただし、この山吹テクノパークは大規模開発であるため、多治見市は岐阜県土地開発公社に開発を依頼した。県公社が用地の取得から造成工事、工業用地の分譲まで行ったので、事業主体は県公社である。多治見市は県公社が開発の事業資金を調達する際に必要となる、借入金融機関に対する債務保証の予算措置を取ったほか、企業誘致活動は県と連携して取り組んだ。

2011年4月11日に、トヨタ自動車と県公社の間で「土地売買契約書」が交わされ、トヨタ自動車と多治見市の間で「企業立地に関する協定書」が結ばれた。ところがそれを報道したマスメディアには、「金額は同社の意向で公表しない」とあった。県公社という公的機関が造成した土地の分譲価格が、トヨタという一企業の意向で公表されないということが果たして許されるのか。それはおかしいと思った私は、多治見市に土地の造成に要した経費とトヨタへの分譲価格がわかる資料の情報公開を請求した。しかしながらこれは、「多治見市情報公開条例」に規定する「公開しないことができる公文書」にあたるという理由で公開を拒否されたので、4月27日に公開を求める是正請求を行った。

6月8日の審理員意見書には、棄却の理由の一つとして次のことが掲げられていた。

「公社の決算及び事業報告は県に報告され、県はその内容を県民に向けて公表するため、平成24年度に山吹テクノパークの当該情報についても公表される可能性はあるものの、行為庁が情報公開にあたって確認した際に、公社は非公開の意思を示しており、どのように公表されるかは現時点では未定である」

賢明なる職員であれば、県公社といえども、自治体の予算と決算は住民に公表されることは百も承知なので、何とも言いわけがましい記述である。なお私は県公社にも同様の情報公開請求を行ったのであるが、県公社は私の請求をきっかけに公開に踏み切ったのであった。

その2　何とも奇妙な「公平」論

２０１２年度に私は、第35区の区長を勤めた。このため私は、「北栄校区青少年まちづくり市民会議」推進委員会のメンバーとなった。この推進委員会で12年度収支決算報告がなされ、「魚つかみ取り大会」で北栄小学校体育館使用料（７５０円）、「グラウンドゴルフ大会」で北栄小学校開放使用料（２００円）が支払われていることを知った。この金額は、青少年まちづくり市民会議は自治会などと同じく公共的団体なので、５割減免が適用された金額である。しかし半額に減免されているとはいえ、公共的団体が地域の学校施設を利用するのにそもそもなぜ使用料が必要なのか、どうしても納得できなかった。このため使用料の全額減免を求める是正請求を、２０１３年3月26日に行った。

5月22日の審理員意見書には、その検証結果として次のことが述べられていた。

「青少年まちづくり市民会議は、地域住民によって構成されていること、活動内容が青少年健全育成であることから、公共性の高い団体であることが認められます。一方で施設を利用する市民と利用しない市民との公平性の観点及び活動に必要な経費のために市から交付金が交付されていることを勘案すると、免除ではなく減額としている現状は適正であると判断します」

公共的団体が地元の学校施設を行事で使うことは、税金を有効に使っていることになる。施設を利用しない市民との公平性を持ち出すとは、何とも理解しがたい。また自治会への交付金は、広報紙の配布、防犯灯の維持管理など行政との委託契約に基づくもので、自治会の活動助成金ではない。

その3　露骨な「おとどけセミナー」のオススメ

2012年4月から、月2回発行の多治見市の広報紙「たじみすと」が月1回の発行となった。その理由として、すばらしい広報紙にすることが強調された。さらに13年度から、年2回、小学校区単位で開催される、多治見市が全国に誇る地区懇談会を、年1回にするという地区懇談会の運営方法の見直しが発表された。地区懇談会以外にも市長への提言、おとどけセミナーなど広聴の仕組み自体が多様化している。また「市民討議会」など、新たな広聴活動の仕組みが実現しているからだという。

しかし市民と行政との情報の共有化、市民参加の機会は多ければ多い程望ましい。よりによって、その核心をなす広報の発行回数と地区懇談会の開催回数を減らすとは、全く信じられなかった。何としても後期地区懇談会の廃止を許してはいけないという思いから、２０１３年5月7日に地区懇談会の見直しに反対する請願を市長に提出した。それでもらちがあかなかったので、地区懇談会の運営方法などの見直しの決定までの経緯が市民参加を十分に踏まえていないので、その決定を白紙に戻すことを求める是正請求を5月30日に行った。

これに対する8月15日の審理員意見書の検証の中には、次の記述が見られる。

「では、是正請求人が主張する『最も意義のある地区懇談会の縮小は、市民参加の大きな後退である』という点についてはどうか。確かに『地区懇談会』は、市民と職員が一堂に会し、直接意見交換をする手法で、大変有意義であると理解できます。しかし、市民の中には、人前で話すことが苦手の方や、勤務の都合等で地区懇談会に参加できない方も見えます。また、90分という時間的制約の中では十分な議論が尽くせないといった面もあり、そういう場合には、文書による『市長への提言』や『要望書』、或いはテーマを絞った『おとどけセミナー』等も大変有効な手法と成りえます。行為庁は、広聴全体の質の確保に努めており、地区懇談会の縮小が、必ずしも市民参加の大きな後退につながるものではないと考えます。特に『おとどけセミナー』については、メニューも豊富な上、メニュー以外の課題でも地域の課題として捉えて出向いていく旨、口頭意見陳述で述べており、地区懇談会とその他の手法をうまくミックスしてより充実した広聴活動が可能となるものと判断します」
審理員はこのように人前で話すことが苦手な市民の存在など地区懇談会の問題を指摘する一方で、他方ではおとどけセミナーを高く評価している。しかし、おとどけセミナーの場合も、地区懇談会について指摘された問題点の多くがあてはまるはずであるが、それを無視しておとどけセミナーを高く評価するのは一体どうしてなのか。

以上、審理員意見書に審理員の中立性が疑われる記述があるケースを取り上げてきた。このようなことが見られるとは、実に残念である。こうしたことがたび重なると、是正請求制度の信頼性を損ないかねない。審理員には毅然として「良心に従い、独立して」職務を果たしてもらいたいものだ。

制度の周知徹底を欠く

既述したように2015年12月8日の総務常任委員会で、13年度と14年度の是正請求の件数、認容率ならびに期間について質疑が交わされている。議会でこのような質疑が交わされること自体が、是正請求制度がいかに市民に知られていないかを物語っている。

また表4でみたように、スタートから15年度までの6年間の是正請求件数は27件であった。1年あたり4・5件である。この間の私が試みた是正請求15件を除外すると12件で、1年あたりわずか2件にすぎない。この主たる要因は、この制度がよく市民に知られていないからであると思う。

この制度が議会で可決成立した際には、図3で取り上げたように広報紙の1面全部がこの制度の仕組みの説明で費やされた。また、漫画で紹介した小冊子が発行されたことも既述した通りである。それ以来私の知る限りでは、広報紙に年1回運用状況（請求件数と請求事案及び結果）が公表されるほかは、答申をホームページで見ることができるだけである。

これに対し愛知県西尾市では、行政評価委員会というオンブズマン制度の仕組みと利用を呼びかけるリーフレットが折につけつくられている。また行政評価委員会の活動状況や苦情申立ての処理事例などを掲載した年次報告書が委員会によって作成され、それは市長、市議会議員、市の部課長、報道機関に配布されるとともに、公民館などの公共施設に備えられ、広く市民の目に触れるようになっていることは、前に見た通りである。

札幌市でも『札幌市オンブズマン活動状況報告書』が毎年刊行されているが、行政全般を対象とするオンブズマン制度が導入されているまちでは、恐らく同様の取組みがなされていると思われる。

多治見市でも、是正請求制度の仕組みや利用を呼びかけるリーフレットの作成のほか、請求事案ごとの是正請求書、弁明書、反論書、答申を網羅した運用状況の報告書の刊行が必要である。これによって市民の市政への信頼が高まり、市民は市政についてより強い関心を持つことになるにちがいない。

是正請求制度に関する積極的な情報提供を、多治見市に望みたい。

以上、多治見市是正請求制度の運用面や取り組みでの問題点を述べてきた。このほか答申案の作成に事務局が関与していることを最近知ったが、これも問題だと思う。その是正を求める私の是正請求は棄却されたが、この問題は別稿で触れたいと思う。（2016年11月 記）

付記　答申案の作成が「庶務」の仕事なのか

行政は答申案の作成には関与すべきではないという是正請求

調査に出向いた時、私は分からないことは恥を忍んでも極力たずねるようにしている。恥をかくのはその場限りだが、後悔はいつまでも残るからである。

しかし調査ではないが、以下の場合は違った。

是正請求審査会の答申を読んだ際、どうしてこんな文言が入っているのか、時おり疑問に思うことがあった。ひょっとしたら是正請求にかかわる事務を担当する総務課がタッチしているのかもしれない、と頭をかすめることがあった。それでも、答申案がどのように作成されているのか、総務課にたずねることはなかなかできなかった。そんな当たり前のことを聞くことは、ためらわれたからである。

それが多治見市是正請求制度について近いうちにまとめてみようと思うに至った段階で、思い切って聞いたところほぼ次の通りであった。審査会から答申案の論点と、そこに盛り込む事項が指示される。それに基づいて、事務局（審査庁）が文章化する。それに審査会会長が手を加えたものが、答申案として審査会に提出される。

このようにして、第三者機関として設置された是正請求審査会の答申案の作成に、事務局が関与していることを知った。その時、耳を疑うほど強い衝撃を受けた。いくら何でもそれはないだろうと思った私は、早速2016年1月14日に「もしそうであるならば、是正請求審査会が『市の行為等に関して是正を求める請求について、公正かつ中立的な手続で解決する』ため、第三者機関として設置されたものである以上、現状のあり方は好ましくない。行政は答申案の作成に一切関わるべきではないと思う」という是正請求を行った。

答申案の作成は「庶務」の範囲の事務と弁明する行政

是正請求に対する行為庁の弁明書の骨子は、次の通りである。

①総務課は、初めから答申の文案を作成するのではなく、音声記録を基に委員の発言の趣旨及び内容を正確かつ適切に書き言葉に改め、答申案を作成している。

②答申案は審査会で、決定した事項通りになっているのか繰り返し審議、検討され、最終的に答申は委員全員の合意でもって決定される。

③「総務課が行う答申案の作成は、総務課の意見を反映させるものではなく、委員の発言を、できるだけ正確かつ適切な書き言葉に改めるという、会議での記録者が行うタイプライター的な役割で行う作業であり、規則に定められた『庶務』の範囲の事務と考えます。事務の内容から判断し、公正かつ中立な第三者機関である是正請求審査会の公正性や中立性を損なう不適切な事務の執行であるとは考えておりません」

以上のように総務課が答申案の作成に関与するといっても、庶務の仕事として委員の発言を答申の文案となる書き言葉に改めるだけの記録者としての役割を果たすだけで、委員会の中立性や公正性を損なう不適切な事務ではない、というものであった。
なお答申では、総務課が作成するのは答申案の「たたき台」となっている。

果たして本当にそうなのか

この弁明書を手にした時に思ったことは、総務課が果たして本当にタイプライター的役割に徹しているのかということであった。

そこで長い間持ち続けてきた疑問を、反論書で取り上げた。「地区懇談会の運営方法などの見直しについての是正請求」の答申（14年3月18日）に、「今回の地区懇談会の運営方法の見直しについては、是正請求人が主張するように、年2回開催されていた地区懇談会を年1回に減らすものではなく、後期地区懇談会を選択制の意見交換会とするものであり、従前どおり2回の地区懇談会の開催の道が確保されている。したがって、地区懇談会の運営方法の見直しは、是正請求人が主張するように、市民参加の水準を切り下げる不当なものであるとまでは言えない」とある。しかし是正請求審査会の議事録には、そういう発言は見当たらないのである。タイプライター的な役割からすれば、こんなことはあり得ないと思ったからである。

しかしながらこれに関しては、審理段階の口頭意見陳述で「委員が修正された文書」であって、事務局が一切タッチしていないことがわかった。また、是正請求審査会の意見陳述でも私は言及したので、今回の答申でも「是正請求されていないことが答申に盛り込まれることについて」として、触れてある。そしてそれには、「職権による議論とその答申への反映」であると記述されている。しかしこれに関しては、今回の是正請求とは直接関係ないので、これ以上触れないことにする。

反論書では触れていないが、先ほどの答申に関して口頭意見陳述でもうひとつ問題にしたことがある。それは、「近年では、前期地区懇談会では市長が出席し、政策に関する説明および質疑等を行い、後期地区懇談会では地域から提案された議題について質疑等を行ってきた」という記述である。

後期地区懇談会のテーマをめぐって、「地域の課題」と主張する行政と、それを否定する私は真っ向から反目し合ってきた。しかるにこれではいかにも行政寄りのとらえ方である、と思った。そこで、おそらく委員はこのように言っていないはずだ。したがって話し言葉を書き言葉に改めるレベルではない、と主張したのであった。

なお弁明書で「独立した審査庁」の設置に関する言及があったので、私は反論書で「たとえば答申案の作成も委員が交代して行うことにすればその必要はない」と書き添えた。

以上のようなやりとりの後、審理員は答申案の作成は総務課の庶務の仕事という記述はないがほぼ弁明書通りの理由で、私の請求を棄却した。ただし委員が交代制で答申案を作成することに関しては、「是正請求審査会委員の合意が得られるのであれば、一つの方法として検討してはどうかと考える」という意見が意見書の中で表明されていた。

答申の対象外となった委員による答申案の作成問題

是正請求審査会は16年8月24日、答申を決定した。是正請求から答申まで7か月を要し、この間に審査会は3回開催された。

答申は現在の方法で公正さが保たれているとして、委員による答申案の作成に関しては触れずじまいであった。「請求人の意見の中には、どうして事務局を排除しないのか、委員が答申案を作成すればよいなどの意見があったが、是正請求審査会として現在のやり方で公正さの問題はないとの結論となったので、他の論点は答申に入れる必要はない」、という見解である。

しかし委員による答申案の作成は、私の請求と深く関わるものであるといってよいし、審理員も一定の理解を示していた問題である。そこでこの問題が、審査会でどのように審議されたかを見てみよう。

委員の負担が増えること以外にも、委員が答申案を作成することになった場合の問題点を指摘する発言が見られる。たとえば、答申案を作成することになった委員は、その案件に対する知識も深くなり、発言力も強くなる。その結果、他の委員との平等な立場での意見交流ができなくなる。委員の行政に関する知識不足のため、十分な調査ができなくなる。行政側との接触禁止までしなければ、「行政の関与はない」とはいえない。しかしそうすれば、事実関係を誤ってとらえる可能性があるという弊害がある。専門性が必要となる請求に対しては、そのつど請求にあった委員を招集しないと答申案の作成が難しい。そうすれば、市民委員が委員に選任されなくなる可能性があるなど。

しかしながらこうした発言が交わされること自体、はなはだ不思議でさえある。なぜなら答申案は、総務課が事務的に作成していただけではないのか。

審査庁である総務課の職員は、有能な行政マンであっても環境や福祉、都市計画などの専門家とは限らない。それでも答申案を作成しているのである。「審査会の権限に属する事項に関し公正な判断をすることができ、かつ、法律又は行政に関して優れた識見を有する者及び市民のうちから、市長が委嘱する」（『多治見市是正請求手続条例』）是正請求審査会委員が答申案を作成することは、十分に可能であると考えられる。しかるにそれができないといわれると、総務課は事務的な処理以上の役割を果たしているのかと、逆に疑問に思わざるを得ない。

答申をめぐって

次の文章は、答申のうち「是正請求審査会の答申案を事務局が文書化することの公正さについて」の全文である。

「是正請求審査会の答申は、次の手順をふんで作成される。まず、審査会の議論の録音から事務局が議事録を作成する。この議事録をふまえて審査会は論点を確認し、さらに議論するとともに答申の方向性を決める。この方向性にそって、事務局は答申案の『たたき台』をつくる。この答申案の『たたき台』は、まず審査会会長がこれまでの議論と方向性に基づいて加筆・訂正を行い、『原案』としてこれを各審査会委員に送る。この『原案』は審査会でさらに議論と推敲が行われる。この結果、『原案』はさらに修正されて、最終的に『答申』としてまとまる。以上が、答申が作成される手順である。このプロセスの中で、事務局が当初作成した答申案の『たたき台』は、そこで用いられる用語、表現、論理等、当該文書のあらゆる面でかなりの修正が行われるのが通例である。このようなプロセスで行われる答申の作成は、すべて審査会の場で委員自らが行っていることは言うまでもない。したがって、事務局が当初、答申案の『たたき台』を作るという点でその関与はあるものの、上記のようなこの答申作成のプロセス全体をみれば、是正請求人が危惧するような公正さが疑われるものとはなっていないと考える」

答申は以上のように、たたき台から原案、そして答申までのプロセスを説明して、「請求人が危惧するような公正さが疑われるものとはなっていない」という。

それでもなお私は、答申案の作成に事務局が関与している以上、申請人が疑念をいだくのを完全に払拭することはできないであろうと思った。

この是正請求は、多治見市是正請求制度にかかわるきわめて重要な論点のひとつであると思う。そこで私の是正請求を棄却したこの答申について、どう思うのか。何人かの知人に、是正請求書、弁明書、反論書、口頭意見陳述記録（概要）、審理員意見書、是正請求審査会議事録ならびに答申までの一連の書類を渡して、感想を求めた。

口頭で「それはおかしい」とか、「現状ではやむを得ない」など、賛否両論の感想を聞くことができた。

文章で寄せてくれた人の中には、「第三者機関に行政はタッチしないという常識がこうも時間を費やした揚句、棄却されるということに唖然とします。膨大な時間とエネルギーの無駄と言うべきです。第三者機関にすべてを任せてこその第三者です」と指摘する意見があった。

また別の人は、「『たたき台』の作成は、答申の基礎であり答申作成の基本骨格を形成」するとともに、「録音の反訳ならば機械的な作業ですが、それとは異なり作成者の価値判断や主観を経由しなければ『たたき台』としてまとめることは不可能」である。たたき台を作成する労働は「答申の基礎をつくる頭脳労働であり、事務的機械作業」ではないので、「多治見市是正請求審査会規則」第4条の「庶務」には含まれない、と詳細な検討結果を寄せてくれた。

以上、私の是正請求は棄却されたが、市政の適正な運営のために行われる是正請求制度への市民の信頼が一層深まるように、現在の方式が近い将来改められることを念願している。

（2017年3月 記）

5. 市民が自治基本条例推進のエンジン

――新城市「市民自治会議」◉愛知県

自治の新境地を拓く

２０１６年７月11日、ひょんなことから穂積亮次新城《しんしろ》市長から聞き取りする機会を持つことができた。

その際、２００５年10月の初当選時のマニフェスト「新城・希望都市」を取り上げて、次のようなことを尋ねた。「市民自治条例」を４年以内を目標に制定するとあるが、２期目の12年２月にズレ込んだのはどうしてなのか。これに対し市長から「自治基本条例の重要性を認識するに至ったので、形式的につくればよいというものではない」、という言葉が返ってきた。

為政者たるものの政策は、まさに住民福祉の向上に直結した実効性が問われるものである。その意味では格別驚かされるようなことではないが、市長の念頭にはそのことが、非常に強く意識されていることがうかがわれた。

そうであるからこそ、地域社会や住民が直面する課題の解決に向けて、雄大な構想を現実化する実効性によってさまざまな施策が展開されてきた。それは、市民、議会、行政が一堂に会する「市民まちづくり集会」、全国初の条例による「若者議会」、すべての子どもに就学前教育と保育を保障する「新城版こども園」、地域住民が予算の広範な裁量権を持つ「地域自治区」、自治基本条例推進のエンジンである「市民自治会議」など、まさに自治の新境地が拓かれてきた。

ここでは私が最も関心を持った新城市「市民自治会議」を中心に取り上げる。これまでに展開されてきた施策を理解するには、穂積市長の著書『自治する日本　地域起点の民主主義』（萌書房）の一読をお薦めしたい。

新城市自治基本条例の制定

2005年10月新城市と鳳来町、作手《つくで》村の1市1町1村が合併、新しく生まれた「新城市」の市長に、鳳来町長であった穂積氏が当選し〝新生〟新城市の市長となった。新城市は豊橋からJR飯田線で北東へ約40分の所に位置し、人口約4万8000人。東三河の豊かな自然と、武田勝頼軍と織田信長・徳川家康連合軍が激突した「長篠の合戦」（1575年）の合戦地とし

渓谷より長篠城址を望む（新城市 HP より）

て有名である。

新城市市民自治会議は、「新城市自治基本条例」に基づいて設置されているから、まずは自治基本条例の制定過程と条例の特徴について簡潔に振り返っておきたい。

新城市自治基本条例制定は、２０１０年度の「新城市自治基本条例市民会議」（市民委員21人）の発足によりスタートした。22回の会議を積み重ね、延べ５００人の意見を聞いて、「市民のことばによる新城市自治基本条例」（たたき台）が作られた。新城市自治基本条例は、それを土台にして「新城市自治基本条例検討会議」（市民委員42人）が、条例案として翌年度にまとめたものである。

その後、第2回プレ市民総会（12年7月1日）、パブリック・コメント（12年9月10日～10月10日）、9か所での条例案の説明会（12年9月13日～28日）を経て、新城市自治基本条例案は12年12月議会に提案され、可決・成立をみた。そこでは3人の議員と質疑が交わされた。

主な論点は、市民まちづくり集会の開催要求に必要な署名（50分の1以上）と住民投票の実施請求に必要な署名（3分の1以上）を、「年齢20歳以上の日本国籍を有する住民」に限定した理由について。また常設型の住民投票制度に関して、その必要性、議会の権限侵害の恐れ、成立要件などが問題となった。そのほか、「市民には子ども含まれているのに、あえて子どものみを条立てする意図」についてなどの質疑が交わされているが、格別新しい観点は見られない。

ここでは本稿の対象である市民自治会議の構成メンバーについての論議から、市民自治会議に関わる点を整理しておきたい。

市民まちづくり集会の実行委員はボランティアの市民であるのに対し、市民自治会議の委員は「常設の非常勤特別職」である。次に市民まちづくり集会実行委員会と同様に、市民自治会議も市民まちづくり集会開催の意義や成果を検討する。さらに市民自治会議委員の公募のあり方については、通常の市民公募方式を考えているが、具体的にはまだこれから検討していく。

さて以上のようにして制定された自治基本条例の特徴は、次の通りである。

①子どもの尊重とまちづくりへの参加
②年1回以上の市民まちづくり集会の開催
③常設型住民投票制度の導入

④地域自治区の設置
⑤市民自治会議の設置

ところで自治基本条例の前文には、そのまちの目指すべき姿がうたわれている。たとえば、「基本的人権が尊重され、平和のうちに安心して心豊かに暮らせるまち」（「多治見市市政基本条例」）。「市民が等しく尊重され、安心して暮らすことのできる地域社会」（「茅ヶ崎市自治基本条例」）。「ともに学び、考え、それぞれの力を出し合い、誰もが希望と誇りを持って健やかに暮らしていくことができる尼崎」（「尼崎市自治のまちづくり条例」）。「豊かで人権が尊重される地域社会」（「四日市市市民基本条例」）というようにである。

そうした中で、新城市の「元気で住み続けられ、世代のリレーができるまち」とあるのは、かなりユニークである。これは、人口5万人弱の人口減に見舞われている小都市の姿を反映すると同時に、若者が活躍するまちづくりへの強い思いを込めたものと思われる。

新城市市民自治会議の設置

それではなぜ、市民自治会議が必要なのか。

「市民のことばによる新城市自治基本条例」（たたき台）は、「条例をよりよく活かすための（機能させる）仕組み」として次の3項目を掲げている。

「(1)　基本的方針

・最上位の条例として位置付ける。

(2)　見直し

・常に見直すことが必要である。

・定期的な評価・見直しは1年を原則とする。また市民から提案があった場合は、適宜検証する。

(3)　知り・知らせる・チェック（実効性の検証）

・市民に周知する方策を講ずる。

・市民がお互いにこの条例を知り・知らせる活動をする。

・条例が守られているか、定期的にチェックする制度を設ける。

・誰がどのような方法で評価するか検討する」

以上のように、自治基本条例の制定は決してゴールではなくスタートにすぎない。この条例がまちづくりにいかに活かされるかが重要である。それには、それを実行ならしめる制度が必要である。こうしたことが当初から認識されて、自治基本条例づくりが進められたことが分かる。新城市自治基本条例では、これらの見解は「第8章　実効性の確保」のもとに、以下のように規定されることになった。

（市民自治会議の設置等）
第24条　市長は、この条例の実効性を確保するため、市民自治会議を設置します。
2　市長は、この条例に関することについて、市民自治会議に諮問することができます。
3　前2項に規定するもののほか、市民自治会議の組織及び運営に関して必要な事項は、別に定めます。
（条例の見直し）
第25条　市長は、5年を超えない期間ごとにこの条例を見直し、必要な場合は改正を行います。

なお（たたき台）の「最上位の条例に位置づける」という基本的方針は、自治基本条例では第3条「市は、他の条例、規則等の制定及び改正に当たっては、この条例の趣旨を尊重します」という位置づけへとトーンダウンしている。

市民自治会議は何をするのか。会議のメンバーはどのように構成されるのか。13年3月に制定された「新城市市民自治会議条例」によれば、次の通りである。

市民自治会議の所掌事務は、

(1)条例の運用及び普及に関すること。

(2)市長の諮問に応ずること。

(3)市民まちづくり集会に関すること。

13年6月13日の市民自治会議のスタートに際して、市長はあいさつでこのことに関して次のように触れている。

「この自治基本条例を推進する大きなエンジンの役割を果たしていただくのが、本日お願いをいたしましたこの市民自治会議でございます。条例の運用に関すること、市民まちづくり集会の運営、あり方に関すること、さらに今後の検証作業を通じて新たな問題点等を抽出していただきまして、市長の方に答申をいただくというような役割を果たしていただくことが規定されております。そのような意味では、自治基本条例が内実を持って進んでいけるかどうか、また、市民の皆さんから見て、この点を改善したらどうだというようなことに真に応えられるかどうかという点に関しましても、ひいては自治基本条例の信頼性そのものを担保していただくのがこの市民自治会議であろうと認識をしているところでございます」

このように自治基本条例推進のエンジンであり、自治基本条例の信頼性そのものを担保する市民自治会議。この重要な会議は条例によれば、委員10人（現在は15人）以内で構成され、委員の任期は2年で、ただし再任を妨げない。

市長は学識経験者、団体推せん者、公募市民、そのほか市長が必要と認める者から、委嘱する。スタート時から16年度までの委員名簿によれば、有識者の大学教授は会長、団体推せんは代表区長会と地域協議会から各1人（うち1人が副会長）、あとは全員公募市民（うち14年度から若者枠5人）である。ほとんどのまちでは重要な会議となればなるほど各種団体推せんのあて職で構成されているのが通例なのに、市民自治会議のあて職は2人だけである。したがって市民自治会議は、その大半が29歳までの若者5人を含む公募市民で構成されている。これは驚くべきことである。

市民自治会議の主な審議内容

市民自治会議は年間5回程度の開催が予定されていた。事実、2013年度は4回、15年度は5回行われた。しかし14年度は、市民の中から新庁舎をめぐって住民投票を求める動きが生まれ、市長からの諮問「市政に係る重要事項の確認について」の審議が重ねられた結果、会議は例外的に10回を数えることになった。

なお会議開催の通算番号は、委員の任期に合わせて、2年間にわたる開催回数でカウントされている。このため例えば、16年度の5月18日の最初の会議が、第6回市民自治会議となっている。

この間、「行政区（組への未加入問題）」（行政区とは町内会・自治会のこと。筆者注）のようなことから「第2次新城市総合計画」に至るまで、多くの事項について活発な議論が交わされてきた。しかし本稿では、市民まちづくり集会、住民投票ならびに地域自治区を取り上げて、主にどんな論議が交わされてきたかを見ることにした。自治基本条例に規定されたこれら三つの制度の運用によって、新城市の市民自治が左右されるほど重要なものだからである。

〈市民まちづくり集会〉

まちづくりの担い手である市民、議会、行政が一堂に会し、新城市のまちづくりを一緒になって話し合う会が市民まちづくり集会である。何かを多数決により決定する集会ではなく、意見交換による情報の共有が目的である。市民であればだれでも参加し発言できる、市民参加の重要なひとつの形態である。

この市民まちづくり集会は、それまで2回開催された「プレ市民総会」を継承したものである。「総会」というと議決をして何かを決定するというイメージがぬぐいきれないので、自治基本条例では市民まちづくり集会となった。

「新城市市民まちづくり集会実施規則」によれば、集会のテーマ、進行などの実際の運営は委員40人以内で組織される実行委員会が担うことになっている。しかし既に見たように、市民自治会議の所掌事務に「市民まちづくり集会に関すること」が掲げられている。このため早速第1回会議で、市民自治会議は市民まちづくり集会に関して、どの程度まで関与できるかが問題となっている。

例えば集会のテーマの内容などについて、具体的な意見を言うことができるのか。委員のこの質問に対して、「市民まちづくり集会の実行委員会の規則などによりますと、基本的には運営する人たちで自分たちのやり方で運営していきたいというのが基本です。とは言いながらも、実行委員会自体が条例に基づく組織ではありませんので、集まった人によっては全く意図しないテーマを選んできて、ちょっと過激な運営をする可能性もあるという危惧から、市民自治会議の皆さんに報告をする義務を課しています。その中で、余りにもそれはひどいよねということであれば動いていただいて、修正をしていくという担保は持っていますけれども、基本的には実行委員会にお任せして、こちらとしてはそれを聞いているという、報告を受ける側という形で整理しております」と、事務局は回答している。

さてこれまでの市民まちづくり集会の開催状況を一覧表にしたものが、

表5　市民まちづくり集会開催状況

〈第1回 2013年8月25日　新城文化会館小ホール〉
第1部　新庁舎建設
第2部　新城の未来を語る
約400人参加　公募実行委員17人

〈第2回 2014年10月19日　新城小学校体育館〉
「若者が住みたいまち」
156人参加　公募実行委員15人

〈第3回 2015年5月16日　新城文化会館大ホール〉
庁舎問題の住民投票をテーマ
528人参加　公募実行委員募集せず

〈第4回 2016年1月24日　新城文化会館大会議室〉
「市政10年〜そしてこれから〜」
第1部「新城再発見！　こんなの知ってました？」
第2部「みんなでつくろう！　未来予想図」
103人参加　公募実行委員12人

（出所）広報しんしろ『ほのか』より作成。
公募実行委員は「新城市市民自治会議」会議録による。

表5である。

これまでに4回開催されたが、第3回の集会は、15年3月議会で議員提案「新城市新庁舎建設における現計画の見直しを問う住民投票条例」が可決・成立したことに伴い、開催されたものである。それというのも、「新城市住民投票条例」第13条によれば、住民投票の30日前までに市民まちづくり集会の開催が義務づけられているからである。したがって第3回の集会は、それ以外とはかなり異なる集会であった。

集会の運営を担う実行委員会は公募委員から構成されているが、いずれの集会も20人を下回る。なお第3回に関しては、時間的な理由もあって、第1回と第2回の実行委員に声をかけて実行委員会を結成したため、公募はしていない。

第3回を除く市民まちづくり集会に関しては、市民自治会議にそのつど集会のテーマや開催方法、取り組み状況、結果などが報告されてきた。委員間では、参加した感想などが交わされている。私の関心を引いたのは、プレ市民総会のときからのようであるが、4方面もの送迎バスを準備したり、無作為抽出で多くの市民に集会の案内状を送ったりして、少しでも多くの市民に足を運んでもらうための取り組みである。大したものだと思う。

ところで住民投票をテーマとした第3回の市民まちづくり集会は、これまでとは全く異なる集会となった。
前述したように自治基本条例に掲げられた市民まちづくり集会ではなく、住民投票を行うに際しては市民まちづくり集会の開催を義務づけられた住民投票条例に基づいて開催された。このため、集会を担う実行委員会は公募委員を募集せずに結成されたし、市民自治会議へのこの集会に関係する連絡・報告もなかった。さらに会議の途中で、一部ヤジや発言を妨害するような怒号が浴びせられるような有様であった。

なお「今回の住民投票は、新庁舎建設の費用や規模をどの程度縮小するかが争点。7カ所に分散している市庁舎を1カ所に集約するか、『東庁舎』の活用を続け、建設費を抑制するかが争われていた」（『東愛知新聞』15年6月1日）。5月31日の住民投票（投票率56・23％）の結果、「変更を伴う見直し案」が多数を占めたため、東庁舎を活用するなど現計画が変更されるに至った。

このようにして開催された第3回市民まちづくり集会の件が、委員の任期が2年のため一部入れ替わった第2期ともいうべき第2回と第3回の市民自治会議で、議題として取り上げられた。市民自治会議でも市民まちづくり集会のあり方について論議し、意見を述べるためである。

第2回会議の大きな論点は、市民の意見が大きく分かれていることで集会がもたれた。このため、両者の公平性に配慮した運営が行われた。それが結果として、市民が本当に欲しい情報が得られなかったのではないか、という委員の発言であった。これに関して、住民投票の前に市民まちづくり集会を行うこと自体が問題である。市民まちづくり集会は市民の情報の共有化が目的なので、どちらかの選択を選ぶためというのは趣旨が異なる。さらには当日のヤジとか発言をさえぎるような環境が、市民に十分な情報を届けられなかったひとつの理由である。こうした意見が交わされている。

続く第3回市民自治会議では、「集会を妨げる事態等の対応について」という議題で論議された。

ヤジを肯定的にとらえる発言も見られたが、出席者のモラルに訴える。ヤジを飛ばしたら退場にすることを周知させる。集会を中止するぐらいの強い覚悟を持つ必要など、ヤジをなくすさまざまな方策が出された。

そうした中でいつもは会議の進行役に徹する会長から、ヤジによって声が聞こえなくなるから、集会の目的である情報の共有ができなくなる。発言する人が怖くなって、自分の考えが述べられなくなる。したがって主催者は、決して集会を妨害する行為を許してはいけない。そのためには、「最悪の事態を想定しながらさまざまな準備をしておくということが今の段階では必要」という発言があった。集会の当日の司会をつとめた方の発言だけになおさら、強く引かれるものを覚える。

第3回市民まちづくり集会に関して、以上のような議論が展開された。このため市長の諮問「新城市自治基本条例の運用について」に対する答申（2016年2月10日）の中で、条例第15条（市民まちづくり集会）に関して、「集会を阻害する行為等への対応について、運用・想定訓練を含め、企画段階から心掛けておくことが重要である」という指摘がされている。

〈住民投票〉

新城市の庁舎問題に関する住民投票は、少しややこしいので理解しやすいように何が問題なのか、まず整理しておきたい。

周知のように投票により直接住民の意思を確認する住民投票には、常設型の新城市住民投票条例によるものと、地方自治法によるものとがある。前述の実際に行われた住民投票は、地方自治法に基づくもので、議員発議によるものであった。

しかるにそれが市民自治会議で取り上げられたのは、繰り返すようであるが新城市の住民投票条例によると、住民投票の前に市民まちづくり集会の開催が規定されているので、庁舎問題をテーマとする市民まちづくり集会が開催された。そのために市民自治会議で、その市民まちづくり集会の件が取り上げられたにすぎない。住民投票そのものに関することが、市民自治会議で論議されたわけではない。

ところがここでは、常設型の新城市住民投票条例にかかわるものが直接論議の対象とされる。しかもそれに関する市民自治会議では、次の二つのことが審議されている。

ひとつは、市民自治推進課（現在はまちづくり推進課）が作成した住民投票条例案についてである。もうひとつは、今回の住民投票の先駆けとなった、市民からの条例に基づく住民投票実施の請求が、２０１４年12月９日に行われた。住民投票条例によれば、その場合、住民投票に付そうとされる事項が重要事項であることの市長の確認が必要とされる。このために市長が「市政に係る重要事項の確認について」を市民自治会議に諮問（12月19日）するに至ったので、その答申（２０１５年１月23日）をめぐって市民自治会議で審議された。

それでは最初に戻って、新城市住民投票条例の制定から見ることにする。

新城市自治基本条例第16条に、「年齢20歳以上の日本国籍を有する住民は、市政に係る重要事項について、その総数の３分の１以上の者の連署をもって、市長に対して住民投票の実施を請求することができます」とある。そして市長は請求があった時は、住民投票を実施しなければばならないし、その結果を尊重することになっている。

これが自治基本条例に規定された新城市の常設型住民投票条例であるが、その実施に関する必要な事項は、新城市住民投票条例に定められる。この条例案が、スタートしたばかりの第2回、第3回市民自治会議で取り上げられた。

行政によって説明された条例案の主な点は、以下の通りである。

まず住民投票に至る全体の流れとして、まず署名を集める代表者が代表者証明書の交付を市長に申請する。市長は住民投票に付する内容を審査して、問題がなければ代表者証明書を発行する。それから1か月以内に3分の1以上の署名が集まれば、選挙管理委員会へ名簿を提出する。選挙管理委員会は60日以内に審査してＯＫであれば、住民は住民投票の実施を請求することができ、市長は90日以内に住民投票の期日を定めることになっている。

なおこの代表者証明書交付に関連して少し補足すれば、住民投票条例では実施を請求しようとする代表者は、市長に対し「住民投票に付そうとする事項及びその趣旨を記載した実施請求書（以下『実施請求書』という）をもって当該事項が重要事項であること及び前条に規定する形式に該当することの確認を請求し、かつ、文書をもって代表者であることの証明書（以下『代表者証明書』という）の交付を申請しなければならない」とある。

次に投票期日の30日前までに市民まちづくり集会を開催しなければならない、という新城市独自の規定がある。これは、賛成、反対それぞれの集会に行けばそれぞれの考え方が分かるのであるが、それぞれの立場で意見を聞きたい人もいるので、情報の共有ということで集会の開催を行うことになった。

さらに住民投票に付されるのは市政に係る重要事項であるが、市の権限に属さないことなどのように住民投票に付することのできないものがある。

そのほか多くのまちでは、住民投票の成立要件や制限期間が規定されているが、新城市ではそういう規定はない。

以上のような住民投票条例案について若干の質疑が交わされているが、特別に取り上げるようなことはない。

次は、市長の諮問に対する答申をめぐって行われた市民自治会議での審議である。

その前に、2014年12月9日に住民投票請求者によって提出された「住民投票実施請求書」について、紹介したい。

それによれば、「住民投票に付そうとする事項」は、「新庁舎建設基本設計の見直し（規模縮小7000㎡以下及び東庁舎活用）について」である。そしてその趣旨は、「新庁舎建設は、合併後の新城市にとって最大の事業となります。後世の市民に責任をもってバトンタッチすべき事業と考えます。市民自治社会実現を目指す市長のマニフェストで制定された自治基本条例の柱である『住民投票』の趣旨に基づき、市民の直接市政参加で『5階建て、50億円の新庁舎建設事業の見直し（規模縮小7000㎡以下及び東庁舎活用）』の賛否を明確にしたいと考え、住民投票を請求するものです」という文章で結ばれている。

市長から「市政に係る重要事項の確認について」諮問を受けた市民自治会議は、答申までの約1か月間に驚くべきことに何と5回も開催された。住民投票条例に規定された市政に係る重要事項の要件第1、「現在又は将来の住民の福祉に重大な影響を与え、又は与える可能性のある事項であること」と、要件第2、「要件第1の該当事項であって、住民の間又は住民、議会若しくは市民の間に重大な意見の相違が認められる状況その他の事情に照らし、住民に直接その賛成又は反対を確認する必要があるもの」について、きわめて活発に論議が交わされている。

審議の経過と内容に関しては、答申と付属資料に詳細にまとめられているので、それに譲りたい。なお結論は、一つの方向にまとめることはできず、「複数論併記の答申結果」となった。

その後の住民投票に至る経過を簡単に述べると、請求団体は答申直後の1月26日に住民投票請求を取り下げるに至った。そして2月に入って、住民投票条例ではなく地方自治法に基づく、新庁舎建設基本設計の見直しを問う住民投票を求める署名活動が開始された。そのような状況下の3月議会で、議員提案により住民投票を行うことが決まったのであった。

ところで「多治見市市民投票条例」しか念頭にない私は、新城市住民投票条例に違和感を覚えた。これまで見てきたように新城市住民投票条例によれば、住民投票に付そうとする事項について、それが市政に係る重要事項であることの市長の確認が必要である。どうしてそのような規定が必要なのか、理解できなかったからである。

多治見市では4分の1以上の署名があれば、住民投票が実施される。投票に付される重要事項について、「市及び市民全体に影響を及ぼす事項であって、市民に直接その賛成又は反対の意志を確認する必要があるものをいう」と規定されてはいるが、市長の確認を要する規定はない。もちろん新城市と同様に、投票に付することができない重要事項は列挙されている。しかし4分の1以上の署名が集まるのは、それが市民にとって重要事項だからである。

投票に付すべきことが、住民投票になじまないことかどうかを含めて、市民の意思に委ねてよいのではないか。市民はそうした事態に直面して、自ら考え成長していく。住民投票は市民の意思の確認にとどまらず、市民が自治の担い手として成長していく大切な機会であると私は思う。さらに言えば、常設型の住民投票制度は住民投票を回避するためではなく、その定着を目指すものであると思うからである。

〈地域自治区〉

地域自治区とはひとことで言えば、地域住民が地域の特色を活かして地域課題を解決し、住みよい地域にするための支援制度である。地域活動を行う団体ではなく、自治会活動をはじめとする地域活動を財政的にも人的にも支援するために設置された制度である。

この地域自治区は、2004年の地方自治法の改正によって設置が可能となった。新城市の地域自治区は、全国で17番目に誕生した。なお地方自治法ではこれに関し、地域自治区に首長が選任する構成員からなる地域協議会が置かれること。その地域協議会は、地域自治区の「要」として地域の重要事項について審議し、意見を述べることができることなど、地域協議会の権限などが規定されている。この制度自体があまり知られていないため、市民自治会議でもおりにふれて新城市地域自治区とはどんな組織であるのか、その説明が行われている。

そこで、新城市地域自治区の概要から始めたい。

地域自治区の設置は、自治基本条例第17条で「市は、地域内分権を推進するため、別の条例で定めるところにより、市長の権限に属する事務の一部を担い、地域の住民の意見を反映させつつこれを処理する地域自治区を設置します」と規定されている。それに基づいて、2012年12月議会で「新城市地域自治区条例」が制定された。

市内に10の地域自治区が設置され、それぞれの地域自治区には35人以内の委員で構成される地域協議会が設置される。その地域協議会の庶務は、それぞれの自治振興事務所において処理される。

さて新城市地域自治区に設置される地域協議会の役割として、市長の諮問に対する答申のほか、地域自治区予算について提案を行う。この地域自治区予算とは、総額7000万円が人口と面積によって地域自治区に配分され、その使い道を市民が考える予算である。もうひとつの重要な役割は、地域活動交付金の審査である。この地域活動交付金とは、総額3000万円が地域自治区の人口と面積によって配分され、それを市民団体による地域課題活動に使うものである。自治振興事務所の職員配置が地域活動の人的支援であるのに対し、これら地域自治区予算と地域活動交付金は、その財政的支援をなす。

これら二つの財政支援制度に関して、地域自治区を設置している17の自治体の中でも、「こういう地域活動についての補助金を審査をするというのは、結構設けてる、近年ありますけども、各地域、自治区のエリアの中の市政が積極的に行うべきものを、地域が審議をして、そしてそれをどういう事業をやるべきだというのを市に提案をして、そして市がそれを行っていくという、こういう地域活動の地域自治区予算制度というのは、全国では新城だけだと思います」(「第3回新城市民自治会議」平成25年11月15日)といわれるほど、地域自治区予算はユニークなものである。

次は、市民自治会議で地域自治区に関してどんなことが審議されたかである。地域自治区制度の説明後は、もっぱら地域自治区の活動状況に費やされている。とりわけ各地域協議会がとりまとめた地域自治区予算の内容と、地域活動交付金の採択、不採択状況の報告と質疑がある。そのほか、地域活動交付金成果報告会や市長から地域協議会への諮問(「空き家問題」)に対する答申の状況報告などが話題となっている。

強く印象に残ったのは、第4回会議(15年12月8日)で交わされた地域自治区予算に関する次のような質疑である。

ある地域自治区予算では、小学校にトランペットなどの楽器購入が充てられている。楽器などは市の教育予算が充てられるべきで、もしこのように地域自治区予算で対応すると、「予算の使い方の垣根」がなし崩しになっていく懸念がある。これに対し、学校に必須な楽器とそうでない楽器との線引きが必要であるとの発言が続いた。行政からは、教育委員会としても地域自治区予算のあり方を検討する場を作るとの答弁がされている。

最後に市長の市民自治会議への諮問（「新城市自治基本条例の運用及び普及について」）に対する答申のうち、地域自治区にかかわる部分を紹介してこの稿を終えることにする。

15年3月14日の答申では、各地域協議会が地域課題に真摯に取り組み、その機能を果たすべく努めているが、「地域協議会委員における若者や女性の割合が低い。老若男女が市民自治社会の協働の担い手として地域づくりに積極的に参加できるよう地域協議会の意義と役割を周知することが重要である」

16年2月10日の答申では、地域活動交付金制度の趣旨の十分な説明が必要であることを指摘した後に、「今年度、地域づくりの先進地を地域協議会委員が視察する地域プランニング事業が実施された。視察後の意見交換において将来ビジョンを持った地域づくりの必要性についての意見が出るなど、住民意識の高まりが感じられる。こうした期待に応える行政の支援が望まれる」とある。

おわりに

自治基本条例を制定する自治体は、増え続けている。日本の地方自治の発展にとって、それは大変望ましいことである。

しかしその推進や普及、検証のための具体的な取り組みは、まだまだきわめて不十分である。すばらしい市政基本条例を制定した多治見市でも、あたかも制定することが目的であったかのように、それ以後の具体的な取り組みは今のところ見られない。少なからざる自治体が、そういう段階にとどまっているのではないかと思われる。

そうした中で、4年間の『茅ヶ崎市自治基本条例推進のためのアクション・プラン』の作成と検証は特記すべきことである。計画期間2013年度から16年度までのアクション・プランには、自治基本条例の規定に関することから、条例を推進するための条例条文ごとの取り組みに関すること、ならびに条例の市民や職員への周知啓発に関する事項までが盛り込まれている。検証に関しては、16年度が検証年度にあたるため、13年度から15年度まで各課等で内部検証したものが、『平成28年度　茅ヶ崎市自治基本条例　検証資料』としてまとめられている。こうした試みは、本当にすばらしい。しかし残念なことに、アクション・プランの作成も、検証も行政内部にとどまっていることである。ただしその検証内容に対しては、外部の学識経験者の見解が求められているが。

ここで取り上げた新城市「市民自治会議」は、市民自らが自治基本条例による市政運営を推進するために設置されたもので、まさに画期的な試みである。これまでは庁舎問題に振り回されてきた感がしないでもないが、今後さらに本領を十分に発揮する日が来るにちがいない。

（２０１６年12月 記）

6. 自分たちのまちは自分たちでつくる

——名張市「ゆめづくり地域予算制度」◉三重県

地方創生と新たな市民組織によるまちづくり

若者を中心とした地方から東京圏への転出が、相変わらず進行している。日本の総人口の減少と少子高齢化が進む中での東京一極集中であるだけに、衰退する地方の地域社会はますます深刻な事態に直面するに至っている。

それは奥深い山間の過疎化の進んだ地域に見られた現象が、今や広く地方のどこに生じても不思議ではなくなったことに端的に現れている。人口減と高齢化による基礎的コミュニティの崩壊や存続問題、近隣のスーパーの撤退とバス路線廃止による買い物難民の発生、多くの空き家住宅の発生などがそうである。

そうした中で、2014年5月に「日本創生会議」が、2040年には全国の896市区町村が消滅の危機に直面すると発表した。これは将来推計人口を活用して、2010年から30年間に20～30代の若年女性が50％以下に減る自治体を「消滅可能性都市」と呼び、国民に大きな衝撃を与えた。岐阜県下の10万人以上の都市で、唯一その名指しを受けた私の住む多治見市でも、市民の間に大きな関心を呼ぶことになった。

政府はこうした人口減と地域衰退を防ぐために「地方創生」を打ち出し、同年9月に「まち・ひと・しごと創生本部」を発足させた。そこで掲げられた地方創生戦略として、政府はすべての自治体に数値目標付きの総合戦略づくりを求めている。そして財政支援するに際しては、自治体の総合戦略を国が審査するという、相変わらずの姿勢である。

『朝日新聞』（2014年12月28日）の社説は、この地方創生戦略を取り上げ、なぜ地方に任せきりにしないのか。「国が旗を振り、おしりをたたくやり方から、自治体自身が考え、連携しつつ挑戦する―。そんな発想の転換が必要だ」と強調する。そしてそう考えさせる取り組みとして、島根県雲南市の「地域自主組織」によるまちづくりを紹介している。

雲南市では小学校区単位に、自治会のほか、消防団、学校のPTA、農業関係の組織など地域のさまざまな団体をひとつにまとめた地域自主組織を作っている。そしてその組織が、生涯学習、防災、福祉、まちづくりなど、市からの交付金を得て取り組んでいる。一例として、地区でただひとつの商店が撤退した後、旧小学校舎を利用してミニスーパーを住民管理で営んでいるという。

私は雲南市の取り組みに大きな感動を覚えた。話を聞きに行きたい衝動に駆られたが、なにしろ遠い。そうこうしているうちに、三重県松阪市にもそうした取り組みがあることを知った。そして松阪市で「松阪市住民協議会」の話を聞く中で、名張市の取り組みを聞いたのであった。

これが私の名張市との出合いの始まりであるが、いかにしてこうしたまちづくりが始められたのか。現在どういうまちづくりが行われているか紹介したい。

「草の根」が「組織」を制した市長選

2002年4月7日投票の名張市長選は、16年ぶりに3人の立候補者が争う三つどもえ選となった。しかし実際には、うち2人とも保守系でありながら、現職で4選を目指す富永英輔氏と、新人で前県会議員の亀井利克氏の間で争われた。投票結果は、市民パワーの「草の根」に依拠した亀井氏が大方の予想に反し、多くの政党や経済界、労働界などの「組織」の支援を受けた富永氏に大差をつけて選挙戦を制した。

主な争点のひとつは、1996年から6年越しの市政の焦点となってきた斎場問題である。滝之原地区の牛舎地が選定されたが、これに対しては営業補償が高くつくのになぜ営業中の牛舎地なのか、多くの市民が疑問を持った。斎場問題に関する亀井氏の公約は、1年以内に工業団地に火葬場を建設するというものであった。富永氏は、別の目的で開発した土地に別のことをするには都市計画の変更などが必要であり、工業団地に火葬場を作ることはできないことと反論している。

もうひとつの大きな争点は、周辺市町村との合併問題である。多くの市民が合併に反対していた名張市は、「伊賀地区市町村合併問題協議会」に参加していなかった。これに対し亀井氏は、まずは協議会に参加し、情報公開により住民論議を活発にする。合併の賛否はその後に、市民が決めればよいという考えであった。

以上のような市政の直面する具体的な争点に加えて、多選についてどう考えるのか。また富永市政下で多くの事業が遂行されてきたが、市立病院や大学誘致、斎場計画をめぐっては、リコールや住民投票条例制定の要求運動が起きたのはなぜか。市政運営のあり方が問われた。

有権者の雪崩現象がなぜ起きたのか。地元の『伊和新聞』(02年4月20日)の「名張市長選検証」する記者座談会では、「住宅団地の無党派市民が市政の危機に目覚め、改革候補への投票行動に出たことではないだろうか」という発言が見られる。

かくして、「市政の閉塞状態に風穴を」と唱えた亀井市長が誕生した。しかしその前途には、待ったなしの斎場問題と合併問題があった。さらに市財政の悪化、ゴミ焼却場の改修事業計画、工業団地への企業誘致、市立病院の赤字問題、公共下水道の整備など、多くの難問が待ち受けていた。

財政非常事態宣言と市政一新

ところが間髪を入れずに新市長を待ち受けていたのは、危機的な財政状況の進行であった。市長就任後、半年も経たない9月18日に、「財政非常事態宣言」をするまでの厳しい財政状況に直面するに至った。どうしてこういう事態を招いたのか。

歳入面では、バブル崩壊後の日本経済の低迷によって市税収入が伸び悩んだ。巨額の借金をかかえる国は、地方交付税や補助金の抑制など、ますます厳しい財政運営を地方に強いることになった。他方歳出面では、大阪まで1時間で行ける名張市は、1981年に人口増加率全国1位を記録するほど、関西方面から多くの人々がマイホームを求めて移り住んだ。こうした人口増や高度・多様化する市民ニーズに対応するための都市基盤整備が進められ、市立病院の建設（1996年竣工、200床、総事業費162億円）や大学誘致（皇学館大学社会福祉学部誘致の総事業費は62億円で、市は用地取得費13億円を含む約35億円を補助）などの大規模プロジェクトが推進された。

こうしたことにより財政の弾力性は急速に失われ、財政運営の収支不足に備えた財政調整基金の取り崩しによって、予算編成が何とか維持されるという有様であった。財政の弾力性を示す2001年度の経常収支比率は89・5%、公債費比率は17・8%と非常に高い割合を記録した。財政調整基金の残高は、1995年度末の35億円から02年度末には枯渇する状況であった。

以上のような「厳しい財政状況」と、2000年の地方分権一括法の施行による「地方分権の進展」、ならびにこれらの進行に伴う「行政規範の変化」を背景に、市政のあり方を一新する取り組みが、亀井市政の緊急の最重要課題となったのである。また03年2月9日の合併の是非を問う住民投票の結果、単独市制が選択されたことにより、ますます「市政一新」(市行財政経営一新)の取り組みに拍車を掛けることになった。

こうして行政と市民とで03年3月に策定されたのが『市政一新プログラム』であり、以降これに基づいて市政が展開されることになった。

このプログラムの「理念及び目標」によれば、市政一新の真の目的は「市民の幸せ」である。なぜなら、市民は幸福を追求し、福祉の増進を求めて市に市政を信託しているからである。そうした市民の信託を実現するには、市民の幸せを実現し、持続するための「自主・自立の自治体」を目指す必要がある。そしてそれを「協働」と「効率」と「自立」で実現するというのである。

そうした理念及び目標に基づいて改革を実現する「基本的な考え方と取組」では、「改善から革新・一新へ」という基本的な考え方と、「ガラス張り市政」「ニュー・パブリック・マネジメントの導入（新しい公共の経営理念）」「シティズンチャーター（市民と行政との約束制度）」の三つの基本的取り組みが掲げられている。

以上のような理念及び目標と基本手法に基づいて取り組むことが、10項目の「改革基本項目」として整理されている。そしてその改革基本項目ごとにいくつかの具体的な取り組みについて、「項目」「改革方針」「目標年度」「所管室等」ならびに「目標」を記述したものが一覧表として掲げられている。

さて以下では、このプログラムから本稿のテーマの「ゆめづくり地域予算制度」と密接に関連する記述を取り出して紹介したい。

まず改革の基本的考え方として掲げられた改善から革新・一新へは、「市役所から革新・一新」と「市民から革新・一新」からなる。この後者では、「市民が行政への積極的な関与や役割分担を行う、協働の行政の実現」が強調されている。そしてこれに関して、各地区に結成された「まちづくり協議会」の活動や、学童保育、高齢者への配食サービスグループの活動などを取り上げ、名張市における協働の行政の芽生えが指摘されている。

次に10項目に体系的に整理された改革基本項目のひとつに、「市民主体のまちづくり行政の推進」が列挙されている。そしてこれは、「地域予算制度の導入」「地区公民館の地域運営」ならびに「市民活動支援体制の構築」の三つの項目からなる。

これらのうち地域予算制度の導入の改革方針では、「地域の個性を生かした住民による自立的、主体的な地域づくりを推進し、地域の活性化を図るため、地域予算制度を創設する。各地域に一定の金額を交付し、住民の知恵やアイデアによる施策や事業に充てることとし、事業の限定や補助率は設けない制度とする」とある。

以上から、ゆめづくり地域予算制度が市政一新プログラムに基づいて実現したことがよく分かる。

地域交付金制度の創設

ゆめづくり地域予算制度は、「名張市ゆめづくり地域交付金の交付に関する条例」によって03年4月からスタートした。

この条例は「市民の参加、創意及び責任により誰もが生きいきと輝いて暮らすことのできる地域の形成及び維持のため、地域交付金制度を創設」し、地域交付金の交付について必要な事項を定めたものである。

この制度は公民館（現在は市民センター）を単位とする14の地域づくりを行う「地域づくり委員会」に、従来の地域向けの補助金等を廃止した上で、まちづくり活動の資金として予算の定める範囲内の金額（基本額と加算額）を、使途自由な一括交付金として交付するものである。繰り返すことになるが、これは地域の自立的・主体的なまちづくりを支援する制度である。

交付金額は基本額と加算額からなり、毎年度定める予算の範囲内とされる。

基本額は、地区で行う敬老行事への70歳以上1人当たり2000円の報償費や、資源ごみ集団回収事業補助金など、従来の地域向けの補助金等の廃止に見合う5000万円で、人口割（70％）と均等割（30％）で算出された金額が地域づくり委員会に交付される。これに対し加算額は、地域が市からの委託事業を引き受けた場合に交付される委託事業分である。

このように基本額は、廃止された従来の地域向けの補助金等を原資としている。前で取り上げた新城市地域自治区の地域自治区予算（7000万円）と地域活動交付金（3000万円）の1億円は、行財政合理化によって生み出されるものを原資としていた。名張市の場合は単に地域向けの補助金等を交付金の基本額に振り向けたにすぎず、それだけ財政が逼迫していたことがうかがわれる。

さて地域づくり委員会は、自分たちで策定した地域づくり事業計画にしたがって交付金を申請し、事業を実施する。

この条例を審議した03年3月議会では、地域づくり事業計画として想定される具体的な事例が紹介されている。地域の快適生活環境及び保全活動として、資源ごみ集団回収、花壇づくり。地域の社会福祉及び健康増進活動として、敬老会の日の助成、スポーツ教室などが列挙されている。また当初は、今まで補助金を渡していた団体に交付金を渡してしまい、残った分で何かまちづくりを考える地域が多いであろう。しかし先進地の取り組みに学びながら、しだいにまちづくりを考える本来の姿になっていく期待が語られている。また市長は、「10年ぐらいかけて完璧なものが出来上がってくるのではなかろうか」という思いを吐露している。

ところでこの議会での主な争点は、今の地域の実態から見てこの地域交付金制度の創設は時期尚早ではないかということであった。

行政はこれに対し、住民自治を進めるためには、市民の意識改革と実践の制度づくりが急務であることを強調している。また、地域づくりを一緒にしていく担当の職員を委嘱するなど、行政の対応も述べている。

これに対し、地域に民主的なコミュニティをまずつくる努力こそが大事である。しかるに「今回は市の財政健全化のためと称して、これまでの敬老祝い金やお出かけシルバーカード、また資源ごみ回収活動の補助、地域の婦人会活動の補助などを打ち切り、一方的に地域に交付金を配布するために、地域づくり委員会なる組織をつくろうとしていることは問題があります」という反対討論が行われた。

区長制度の廃止と地域づくり委員会から地域づくり組織へ

以上のようにして、03年4月から市民の自立的・主体的な地域づくりが始まった。それ以降、それはいかに展開したのか。

その際の重要な視点は、区と自治会という従来の基礎的コミュニティが存在していたところに、ゆめづくり地域予算制度のもとに地域づくり委員会による地域づくりが行われるに至ったことである。

区（当時160区）というのは、1956年の「名張市区長設置規則」により設置されたもので、市内の全域に張りめぐらされた行政の末端機関的な意味合いの強い地域組織である。自治会は、主に区制度以降に造成された住宅団地で結成された住民自治組織である。自治会が存在する地域住民は、したがって区民であるとともに自治会員でもあることになる。さらにそれに加えて、地域づくり委員会のメンバーでもある。

以下はそこに焦点を合わせて、名張市の基礎的コミュニティや地域づくりに関する詳細な分析を試み、区長制度の廃止と新たな地域づくり組織を提言するに至った、名張市政策アドバイザーによる『名張市政策課題調査・研究委託業務　報告書』（08年3月）によりながら、それ以降の展開を見ていきたい。

さて地域づくり委員会の活動が定着するにつれ、敬老会や資源ごみ回収補助事業への地域づくり委員会からの助成を削減したり、廃止する委員会が増え、優先事業を自ら考え、実施する方向へ転換するようになった。また地域に即した防災事業や訓練の実施、迅速で柔軟な防犯活動の実施や助成など、地域特性、地域活動に応じた事業を自ら考え、実施するに至った。

こうして09年3月議会での一般質問で「住民意識の向上は進んでいるのか」と問われた市長は、「6年間の地域づくり委員会の取り組みの中で着実に住民意識は高まってきておると確信しております」と答弁しているように、住民主導のまちづくり意識は高まり、住民自治が確実に進んだ。

しかしながら地域づくり委員会は、いろいろな組織や個人で組織されているため、住民合意がむずかしい。また地域づくり委員会と区長会、自治会との関係が理解できない一般住民が多く、参加しない住民が多い。さらに行政との役割分担の明確化など、さまざまな課題に直面していた。

他方、区や自治会という基礎的コミュニティでは、「地域づくり委員会、自治会制度、区長制度の三層構造になっているところもあり、地域住民にとって区長制度がなじまない部分もある。特に、基礎的な住民自治組織として、区と自治会が並立しているところ（区制度以降に開発された新興住宅地に多い）では、区長制度との関係が分かりにくく、混乱が生じていることもある」

その具体例として、区長は有償であるのに、自治会や地域づくり委員会は無償のボランティアであることへの違和感の存在。組織が並立しているため、組織の上下に関する議論。区長への運営委託費と地域づくり委員会への交付金という、地域への二つのながれの地域振興費の用途や会計方式の分かりにくさ、などが挙げられている。

ここで区長制度について、もう少し述べておきたい。

区長は区の設置規則によれば、「市行政事務の円滑な連絡を図り、各区における自治の振興を推進」するために置かれる。区民の総意で選出される区長には、市からたとえば民生委員の推せんや、農用地転用許可等の同意など、多岐にわたる多くの行政事務が依頼され、区長及び区長会に業務委託料が支給される。このように行政の末端機関的な意味合いが強いが、自治振興の担い手でもあり、地域の実質的なリーダーとして認識され、その役割を果たしていることが多い。

ところで行政は、区や自治会と地域づくり委員会との関係について車の両輪と言ってきたが、実際には以上見てきたような大変深刻な課題をかかえていた。このため地域の自立的・主体的なまちづくりを推進するためには、区長制度、地域づくり委員会の二層構造、地域によってはさらに自治会制度の三層構造の整理がどうしても必要であると考えられるに至った。

その検討の結果、次のような新たな地域自治システムが提言された。

(1)区長制度の廃止

行政の下請機関的な区長制度は、住民の自主的・主体的な地域づくりとは相容れない。そこで「名張市区長設置規則」を廃止し、行政から区長への委託事務と区長委託料は廃止する。それらの事務は地域づくり委員会に依頼し、委託料は地域づくり委員会に交付する。区長で組織される地区区長会や区長幹事会、市区長会なども廃止する。

(2)基礎的コミュニティとしての区及び自治会の位置づけ

しかしながら古くから基礎的コミュニティとして存続してきた区と自治会は、もちろん廃止されない。「行政の末端組織」的な性格を払拭した行政と対等な自治組織として、同時に「地域づくり委員会の活動を担うエンジン」として位置づける。ただし区と自治会が併存する地区は、区もしくは自治会とする。

(3)地域課題解決型の唯一の包括的自治組織としての地域づくり委員会

市からまちづくりの権限と財源を付与される地域づくり委員会は、地域が直面する課題を地域住民が解決するための事業を実施する組織である。それには区や自治会、ボランティア団体、消防団など地域で活動するすべての地域活動団体、およびすべての住民が参加できる。そして「地域づくり計画」の策定、法人格の取得、コミュニティビジネスの促進など、地域づくり委員会の取り組むべき事項が列挙されている。

(4)地域交付金の制度改革、条例化などについて

従来のゆめづくり地域交付金制度の基本額(5000万円)に加えて、廃止される区長委託料(約4800万円)を加算額として、地域づくり委員会に交付する。各地域への配分に

際しては、均等割、人口割に加えて、面積割や地域への加算も考慮する。こうして総額約1億円が、地域交付金として交付されることになる。

次に、地域交付金制度は条例で位置づけられたが、地域づくり委員会は条例の位置づけがなかった。このため、「(仮称) 名張市地域づくり委員会設置条例」を制定する。

その他、地域振興推進チームの再活性化など、行政の支援策を掲げている。

このような提言の骨子を盛り込んだ「名張市地域づくり組織条例」が、09年3月議会で可決・成立を見た。これにより地域づくり委員会、自治会制度、区長制度という三層構造が整理され、それらの存在に伴う諸課題は解消に向かい、新しい地域づくり委員会は「地域づくり組織」として、新たな飛躍の段階を迎えることになる。

地域ビジョンの策定とその具体化に向けて

地域ビジョン策定を述べる前に、新しく条例によって位置づけられた地域づくり組織が、どのように組織されているかをまず見てみよう。

それをイメージしたものが、図4である。

図４　地域づくり組織のイメージ

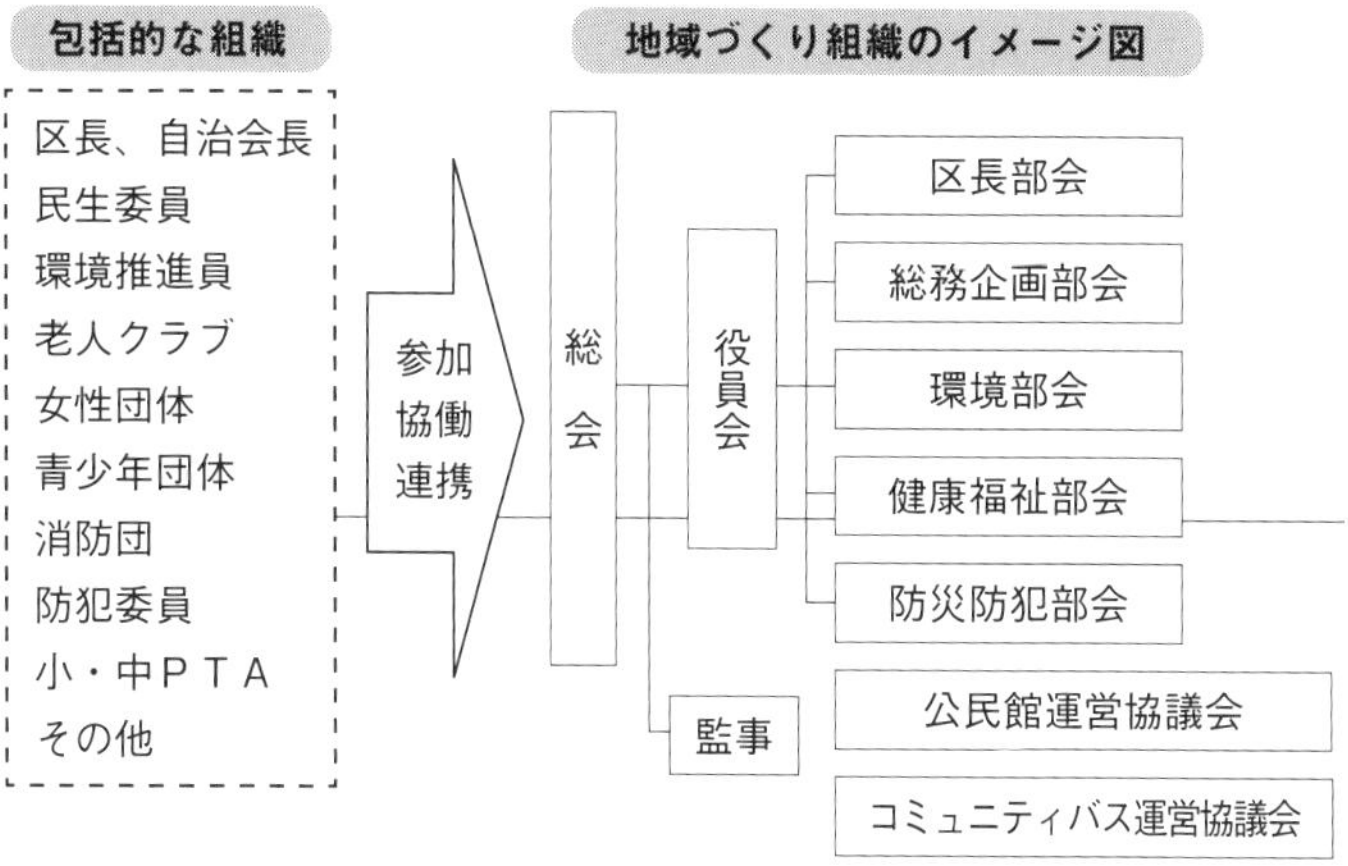

（出所）名張市地域環境部『名張市ゆめづくり地域予算制度』2016年６月、12頁

組織によって名称も、構成団体も違うが、どの組織も総会で選出された役員会のもとに各部会が設置され、部会の活動によってまちづくりが遂行される。その際、「民主的な組織運営に必要な事項を定めた規約」「構成員の意思に基づく役員、代表者の選出」「基礎的コミュニティ代表者の運営への参画」により、住民主体の運営が心掛けられている。なお図４に「公民館運営協議会」とあるのは、それぞれの地域づくり組織が、それぞれの公民館の指定管理者となっているからである。「コミュニティバス運営協議会」は、現在五つの組織に設置されている。

さて次は、地域ビジョンの策定に関してである。地域ビジョンとは10年、20年先の目指すべき地域の将来像を示した地域計画で、２０１２年３月までにすべての地域で策定された。地域ビジョンの策定に関しては、前述の報告書でも「地域の将来像（地域ビジョン）策定が未達成である」ことが、地域づくり委員会の検討課題のひとつとして列挙されていた。また地域づくり組織条例でも、「地域づくり組織は、地域ごとの地理的な特性、自然、産業、歴史及び文化等の地域資源を活用し、地域の課題を解決するための理念、基本方針及び地域の将来像をとりまとめた計画（以下『地域ビジョン』という）の策定に努めるものとする」（第９条）と、規定されている。

このためスタートしたばかりの地域づくり組織がまず直面した大きな課題が、この地域ビジョンの策定であった。

各地域とも策定にあたっては、住民アンケートや地域点検を実施したり、意見交換会が開催された。「一般社団法人　青蓮寺・百合が丘地域づくり協議会」の「地域ビジョン策定に至るまでの活動実績」によれば、「地域ビジョン策定委員会」発足の会合（09年12月）から始まって、代議員総会の承認（11年5月）、市への提出（11年9月）まで、実に何と24回の活動が記録されている。なお、市の「地域担当職員」２人が、策定委員会のメンバーとして参加している。

地域ビジョンの策定により、今後取り組むべき地域の課題が明確になり、地域づくり組織による自立的・主体的なまちづくりがさらに推進されることが期待された。それとともに、地域が望む姿が明確になるため、市はこれまで以上に地域の必要とする事業を展開することができるようになった。

以上のようにして地域ビジョンが策定されたが、それに基づくまちづくりを地域づくり組織との協働によって推進するため、行政によって次のような施策が取られた。

ひとつは、人的支援の強化である。それまでの地域担当職員制度に代わって、新たに「地域部」という部局を設置し、かつ「地域担当監」という専任スタッフ3人が、12年4月から配置された。

また市は、この地域ビジョンの主な内容を行政計画に位置づけ、『名張市総合計画　理想郷プラン』の『後期基本計画　地域別計画編（2013年度～2015年度）』を策定するに至った。それは、『新・理想郷プラン（2016年度～2025年度）』にも引き継がれている。

さらに、地域ビジョンに基づくまちづくりを推進するにあたって、地域だけ、市だけでは解決できない課題について、地域と行政が協働で行う「ゆめづくり協働事業」が13年度から開始された。市の予算措置は3000万円で始められたが、15年度からはその半額となった。

地域づくり組織の取り組み

市内には現在、15の地域づくり組織があり、自分たちのまちは自分たちでつくるまちづくりが、活発に行われている。

「特徴的な地域づくり組織の取組」として、以下のものが行政によって紹介されている。まず地域交付金を利用して取り組まれているものとして、防犯パトロール・自主防災隊・地域の活性化・子育て広場・環境美化活動・おもてなし事業が列挙されている。次に市からの受託事業やコミュニティビジネスの実施など地域交付金を利用せずに取り組まれているものとして、コミュニティバスの運行・市からの委託事業・ライフサポート事業がある。

ところで私は、15の地域づくり組織のうち3か所に足を運び聞き取りを試みた。そこで次に、その際の印象に残った取り組みを述べたい。

〈名張地区まちづくり推進協議会〉

名張市は古代より大和と東国を結ぶ幹線道路として開け、江戸時代には関西から伊勢神宮への重要道路である初瀬《はせ》街道の宿場町として栄えたまちである。このため名張地区は、初瀬街道のまち並み、宇流冨志禰《うるふしね》神社、名張藤堂家邸跡、薬商旧細川邸などの「歴史資源」に恵まれている。名張の語源は「隠（なばり）」という。忍者のふるさと伊賀の国にふさわしい。

以来この地区は市の中心市街地として、生活文化の拠点としての役割を果たしてきたものの、今では商業の衰退による中心市街地の空洞化、少子高齢化の進行により、まちの活気や賑わいが失われつつある。地区の人口はこの10年間で1000人程減少して今は6200人、高齢化率は35％と非常に高い

こうした現状と課題から、地域ビジョンのまちづくりの将来像は「名張の原風景と人情が息づく魅力あるまちづくり」である。この地域ビジョンの実現に向けて、また、まちの顔であるこの地区の再生が魅力ある名張市の発展につながるという思いからか、非常に活発な取り組みが行われてきた。

そのひとつが、まちづくりを高校生と協働で行う、地域づくりの先駆的な取り組みである。これは協議会に設置された、「地域ビジョン推進プロジェクトチーム」による「隠《なばり》まちなかプロジェクト」のひとつとして推進されている。

具体的には、高校生と地域住民、ボランティア、行政などとまちづくりについて意見交換を行う。協議会長が高校の授業で地域について、生徒と意見交換する。高校生と協働で、地域の

マップ「初瀬街道・ひやわい散策コース」を作成する。私もそれをもらったが、なかなかの出来栄えである。空き店舗を利用し、テントを張りめぐらした「隠街道市」は大変な人出で賑わうが、その一部門が高校生にまかせられる。「やなせ宿」のイベントに関しては、企画から運営までを高校生が行う。

高校生とのこうした協働のまちづくりは、地域づくりに大変な活気をもたらす。そしてそこには、高校生がまちへの関心と愛着を深め、進学や就職でまちを離れても、またまちへ戻ってきて欲しいという思いが込められている。

もうひとつは、ＮＰＯ・ボランティア団体・企業・教育機関・福祉団体・行政などの「多様な団体との連携や協働による地域活性化」の試みである。

それによって、イオン名張店に「福祉まちづくりセンター」が設置されたほか、「地域の戦略的情報発信」が行われている。後者に関しては、「まちなか情報案内」の大型掲示板が２か所に設置された。またイオン名張店に電子掲示板が設置され、地域イベントのライブ中継や名張市民センターの活動紹介などがされている。

まちの活気と賑わいを取り戻すためのユニークですばらしい取り組みである。

〈地縁法人錦生自治協議会〉

「錦生《にしきお》自治協議会」を訪ねたのは、コミュニティバスが運行され、コミュニティビジネスが営まれているからである。それらが実際にどのように行われているのか、知りたかったからである。ちなみに前述の名張地区まちづくり推進協議会は、「近鉄名張駅から一番近い所はどこか」とたずねて、行政に紹介された所である。次に取り上げる「中央ゆめづくり協議会」は市役所に隣接している程近いので、足を運んだのであった。

さてこの錦生地域は名張市の西部に位置し、奈良県宇陀市に隣接する。農山村からなり、人口は1700人余である。

コミュニティバス「ほっとバス錦」の本格運行は、1年間の実証運行を経て09年4月から始まった。路線バス廃止の際の住民アンケートで、7割の住民が足の確保を要望していた。これを受けて地域づくり委員会で検討の結果、市から補助金300万円（年間）を得て実現したのであった。錦生自治協議会が主体となってコミュニティバスを運行しているが、「ほっとバス錦運営協議会」が設置され、運賃の設定、運行ルートの検証、バス利用の呼びかけ、費用負担を行う。なおバスの運行は、業者への委託運行である。

当初の運行ルートは宇陀市室生区～錦生地域～名張駅で、1日5往復（ただし土、日、祝日は運休）、運賃は100円～500円（区域を6ブロックに分けたブロック制運賃）である。宇陀市への乗り入れは、室生区の住民の声に配慮したからである。

ところで最近になって、地元出身のサッカー選手を応援するバスツアーの実施など、協議会の営業努力にもかかわらず、利用者の減少による運賃収入の落ち込みにより、便数の減少と運賃体系の見直しが迫られるに至った。

当初年間8500人前後を数えた利用者が、最近では1000人減の7500人程度となり、15年度は7064人と大きく減少した。それに伴って200万円を超えていた運賃収入が、150万円前後となった。補助金（名張市と宇陀市）、運賃収入、地元企業の協賛金・寄付だけでは、経費をまかなうことができなくなった。このため16年10月から、便数を1日5往復から4往復に減らした。ブロック制の運賃体系を6ブロックから5ブロックにし、最低運賃100円区間をなくして200円とする運賃体系の変更がなされた。

次は、この協議会が営んでいるキノコの栽培とそれを加工したドレッシングづくりのコミュニティビジネスについてである。

コミュニティビジネスとは、名張市地域づくり条例によれば「地域の課題を事業性及び収益性のある継続的な活動により解決するため、地域が有する人材、知識、情報、施設などの資源を活用し、地域における起業及び雇用の創出並びに働きがい及び生きがいを生み出し、地域の活性化に寄与する事業をいう」

さて、なぜキノコなのか。近くの赤目はマツタケの産地として有名である。それならばこの地域はキノコ栽培に適しているはずだと考えて、ハタケシメジの栽培が始まった。こうして地域の農業振興と活性化のために、「木の子の里錦生事業協議会」が13年に設立された。

ところでシメジ栽培には、温度と湿度の管理が重要である。このため廃校となった小学校の給食センターに手を入れ、ゆめづくり協働事業で本格的なキノコ生産をするための設備整備がなされた。

今ではハタケシメジのほか、シイタケ、ヒラタケ、キクラゲ、ナメコの生産栽培が2人の従業者で行われている。またハタケシメジ、シイタケ、キクラゲは「錦生女性クラブ」の協力で、ドレッシングに加工されている。月2回約300本が生産され、市内のスーパー、ホテルなどで委託販売されている。私が立ち寄った「とれたて名張交流館」でのドレッシングの評判は、非常に良かった。

生産は順調に増えて、現在年間売上は500万円程となった。しかし、菌床の材料費が高い。また国の高齢者雇用の補助金が15年度で打ち切られ、16年度から営業のために新たに1人採用したので、これからは人件費の重圧がかかる。したがって、採算を取るのも大変である。

以上のように、コミュニティバスの運行も、コミュニティビジネスも経営的には厳しいものがある。しかし困難な道であっても、地域課題に挑戦するこの協議会の取り組みには希望を抱かせてくれるものがある。住民の足が今後とも確保され、キノコ栽培で地域の活性化が推進されることを期待したい。


〈中央ゆめづくり協議会〉


ここは市の中央部に位置し、大規模な開発によってできた新しい地域である。

1987年、その一角に市役所が移転改築され、消防本部がつくられた。道路沿いに大型の物販店や飲食店が立地し、市街地としての賑いが感じられる。その中央に、鴻之台と希央台の二つの大きな団地がある。造成して間もない希央台に居住する住民が増えたので、名張地区まちづくり推進協議会から分離して、2010年5月に15番目の地域づくり組織として誕生したのが、この協議会である。このため人口は2650人程であるが、高齢化率は10％未満の非常に若いまちである。

できて間もない協議会であることに加え、住民の入れ替わりが激しい集合住宅も多いので、近隣との交流が希薄である。市役所はすぐそばにあるし、スーパー、病院、駅も近くにあり、暮らしていくのに便利な場所である。このため、住民がまとまって行政に働きかけることも少なかった。こうしたことから、人々の絆をいかに広げ、コミュニティの成熟を図るかが課題となっている。

このため、春の収穫祭、夏まつり、敬老のつどい、秋の収穫祭、クリスマス会、もちつき大会などが、地域ぐるみの住民参加を目指して開催されている。ユニークなのは収穫祭である。なぜ収穫祭なのか。

この地域には、公園用地として開発業者によって提供された9612㎡もある広い土地がある。この鴻之台3号公園が地域のシンボルとして、公園内に農園、昆虫館、野外ステージなどが、ゆめづくり協働事業として整備されてきた。公園の一角にある畑で、じゃがいも、玉ねぎ、さつまいもが役員の手で育てられ、子どもたちが収穫体験をする。春の収穫祭では収穫されたじゃがいも、玉ねぎでフライドポテト、コロッケ、カレーなどが作られる。秋の収穫祭ではさつまいもで石焼いも、いも天などが作られ、参加者に振る舞われる。このほか春の収穫祭の時に、昆虫館で飼育されたカブト虫が子どもに配られる。またバーベキューなど盛りだくさんのイベントが行われ、多くの住民が足を運ぶ。こうして地域ビジョンの将来像「みんながつどい、いつまでも住みつづけたいまち」づくりを目指して、絆を広げるべく、出会いの場が提供されている。

次は、多くの住民が地域のあり方を話し合う「ワールドカフェ」についてである。

当初は、どうしたら元気な地域をつくることができるかを話し合う「まちじゅう元気!! 教室」としてスタートした。参加対象者は、協議会役員と部会員である。しかし話し合いが各テーブル5～6人のワールドカフェ方式でもたれるところから、今では話し合いの集い自体がワールドカフェと呼ばれるようになった。

ところでこの「ワールドカフェでは、リラックスした雰囲気の中、少人数に分けたテーブルで自由な対話を行い、ときどき他のテーブルのメンバーとまざりあって対話を続けながら、参加する全員の意見や知識を集めることができます」（『こうきだより』14年7月1日）といわれる。

さてこの第4回ワールドカフェが、2016年12月17日に開催された。当日は50人程の参加者が、7班に分かれて「地域ビジョンのゆめづくり協働事業の内容について」話し合った。その際に出された各班の意見と全体の「まとめ」が、協議会広報紙『こうきだより』（17年2月1日）に掲載されている。まとめとして、「昆虫館の存続は難しい。新たな活用方法を考えよう！」「世代間交流ができるようなイベントを行いましょう」「地域の有識者を集めた人材バンクを作ろう」「農園クラブを作ろう」などが列挙されている。これらのうち、農園クラブの立ち上げと人材バンクの登録が、役員会の決定により早くも進められている。地域のあり方についてみんなで話し合い、それが地域づくりに活かされていくのは、誕生して間もない協議会には実にふさわしい試みである。

誰も住んでいなかったこの地域に初めて住むようになった人々が、住みつづけたいまちを目指して、以上のように地域づくりに励んでいる。そうした取り組みが続けられていけば必ずや、子も孫も住み続けたいまちとして住み続けていくにちがいない。

成果と課題

名張市のゆめづくり地域予算制度の成果と課題について、名張市地域環境部による『名張市ゆめづくり地域予算制度』（2016年度版）では次のように記述されている。

まず成果については、「住民主導のまちづくりを徐々に実現」したことである。住民の行政頼み、補助金頼みの意識が減り、地域課題を住民自らが考え、解決する意識が向上した。

今後の課題としては、「地域づくり組織の認知度の向上」「人材の発掘、育成（地域づくり組織の継続・発展）」「運営の適正化」「会計処理の明確化」の4項目が列挙されている。

少し補足したい。

まず成果に関連して広報紙『なばり』（16年12月10日号）は、総合計画『理想郷プラン』後期基本計画の総括を掲載している。そして取り組みの成果として「市民と行政の協働による新しい公の実現」を掲げ、「これからの新しい地域社会の大きな支えとなる市民と地域の力を得ることができました」という。住民主導のまちづくりが、このように高く評価されている。なお総合企画政策室でのヒアリングによれば、市民意識調査の「これからも名張に住み続けたいか？」という質問に「はい」と答えた人の割合が85％超と高いのも、その現れであるという。

次に、課題のひとつとして列挙されている運営の適正化の中に「新しい法人化取得」とある。これはどういうことなのか。15の地域づくり組織のうち、現在法人化されているのは3つだけである。このため、任意団体であるため雇用契約を含む契約行為が代表者の私的契約になってしまう。また多額の金額の扱いが個人の責任になってしまうなどの問題がある。これが、コミュニティビジネス推進の大きな障壁となっている。コミュニティビジネスに取り組むため認可地縁団体となった錦生自治協議会でのヒアリングでは、総会に際して実に大変だという。地域づくり組織は子どもから高齢者まで原則として全住民が会員となるが、認可法人では代議制が認められないため、総会欠席の委任状集めにひと苦労するというのであった。

地域づくり組織のような「小規模多機能自治組織」は、現行の法人制度のいずれにも適さないので、雲南市などと共に新たな法人格を求めて国に働きかけている。

地域づくりの順調な展開要因

名張市ゆめづくり地域予算制度がこれほど順調な展開を成し遂げたのはなぜであろうか。区長会や婦人会、子ども会、PTAなど地域のさまざまな組織や団体が、公民館単位で活動していた。公民館単位でまとまる条件がこれまでに形成されていた。

次に地域づくり委員会や地域づくり組織に対して、行政が手厚い人的支援を行ってきた。地域予算制度のスタートにあたり、市内14地域に市職員124人（兼任）で編成した「地域振興推進チーム制度」が導入された。また09年5月からは、地域ビジョン策定の支援などを行うため、地域づくり組織ごとに2人の管理職（兼任）で構成された「地域担当職員制度」が導入された。さらに12年4月からは、「地域ビジョンの施策反映の仕組みや地域予算制度の拡充に伴い、地域づくり組織等との協働を推進するための組織体制として、新たに『地域部』を設置し、かつ専任スタッフ職員として地域担当監3名」が配置された。

以上のことも軽視できないが、何といっても区長制度を廃止して、地域づくり組織を地域における唯一の包括的自治組織としたことが大きいと私は考える。

このことは、類似の組織を導入した兵庫県宝塚市や三重県松阪市のケースを見てみると、大変よく分かる。

兵庫県宝塚市では、地域の課題解決に向けて市民が主体的に取り組む、市民主体のまちづくりを推進するため、市の主導により小学校区単位に「まちづくり協議会」が1997年につくられた。今20の協議会が存在する。それが現在どのような問題をかかえ、どのように機能しているか。

「宝塚市住民自治組織のあり方に関する調査専門委員」による『宝塚市住民自治組織のあり方に関する報告書』（2016年4月）には、次のような記述が見られる。「地域課題に関する取組を行うまちづくり協議会も現れてきたが、多くのまちづくり協議会は行事開催にとどまっており、地域自治の担い手となるためには活動の深化を図る必要がある」。「自治会とまちづくり協議会の役割分担が整理されないため、同じような活動をしている地域組織が重複して存在しているように受け止めている市民も少なくない」

次は、松阪市のケースである。

市民・企業・行政が一体となって地域主体のまちづくりを進めるため、「松阪市住民協議会」が２００６年から始まって12年までの間に、市内全域43地区に設立された。この協議会の法的根拠を与えるための「松阪市住民協議会条例」案が、４回目の上程にあたる16年３月議会でやっと可決・成立をみた。

それには「『議案第24号　松阪市住民協議会条例の制定について』が可決されたことで、住民協議会に対する活動交付金の交付については、法的な根拠が確立されたものの、平成24年４月に松阪市内全43地区に設立された住民協議会には、そのあり方や運営等において、検討しなければならない課題がある。そのことを認識する行政においては、早期に各地区の住民協議会や自治会連合会等から意見等を聴取する場を持ち、課題解消に向け取り組むことを強く求める。以上、決議する」という附帯決議が付されている。

そしてこの附帯決議の提案説明議員が、行政が特に解消に向け取り組むべき課題として挙げているのは、「住民協議会と自治会並びに自治会連合会との関係性が明確でない地域がある」ということであった。

これらのケースは、基礎的コミュニティが存在する中で、新たな地域組織をつくることがいかに困難であるかを意味している。

どうしてそうなのか。私が一般論として思うことは、自治会もまちづくりを担っているという自負心を持っている。したがって、行政によって導入されるまちづくり組織とは競合する。競合するばかりか、自治会長やその連合体が持つ地域のリーダーとしての住民や行政への影響力がそがれるような組織の導入には、彼らは反対し、抵抗するからである。
亀井市長はその困難に挑戦し、改革を成し遂げた。その改革のインパクトがいかに大きかったかは、3期目を目指す市長選の結果を見ればよく分かる。市長選は、区長制度を廃止した1年後の10年4月に行われた。名張市出身とはいえ、市民になじみが薄かった新人に3500票差まで詰め寄られたのであった。
当選後の共同インタビューで、この差について亀井市長は「痛みを伴う改革を進めてきたため、批判をいただくのは当然だが、改革は誰かがやらなければならないこと」（『伊和新聞』10年4月5日）と答えているように、そのことは百も承知の上での挑戦であったと思う。

「夢なき者に成功なし」

思いがけなく2017年1月11日、亀井市長にヒアリングする機会を得ることができた。あいさつもそこそこに、ユニークなゆめづくり地域予算制度の「ゆめ」にどんな思いが込められているのかたずねたところ、「夢なき者に理想なし、理想なき者に計画なし、計画なき者に実行なし、実行なき者に成功なし。故に、夢なき者に成功なし」という、吉田松陰の言葉が浴びせられた。

亀井市政の真髄に触れたような気がするとともに、名張市総合計画が別名「理想郷プラン」といわれるゆえんも合点したのであった。

ところで本稿では、ゆめづくり地域予算制度を対象にしているため、「身近な健康づくり・地域福祉活動の拠点」として市内15か所、市民センター単位に設置されている「まちの保健室」について触れることがなかった。まちの保健室は、地域づくりと一体的に地域福祉を推進するために、2005年策定の『第一次地域福祉計画』に基づいて整備されてきた。社会福祉士や看護師、介護福祉士など有資格者が市の嘱託職員として配置され、住民の身近な総合相談窓口や健康教室の開催、地域包括支援センターのブランチとして、大きな役割を果たしてきた。

さらに名張市は昨年11月、福祉の理想郷の集大成として「地域福祉教育総合支援システム」を起ち上げた。これは包括的相談員を配置し、まちの保健室をワンストップ窓口として、福祉、医療、教育などあらゆる生活課題を解決していこうとするものである。

市長からのヒアリングでとりわけ忘れ難いものに、人口がどんなに減っても、経済がどんな苦境に直面しようと、行政と地域が協働すれば、それを乗り切ることができるという言葉がある。そういう地域づくりに向けて、名張市の挑戦は続く。

市長の思いが、もっともっと市民の血となり肉となって、地域づくりがさらに推進されることを期待している。

なお名張市では、都市内分権のことが市の権限と財源の一部を地域へ移すことの意味で使われている。これに対し合併問題を研究対象としてきた私は、合併後の自治体が権限と財源の一部を旧自治体に移すことをイメージしてしまうので、本稿では都市内分権という用語をあまり使用しなかったことを付記しておく。（2017年2月 記）

名張市は江戸川乱歩の生誕の地としても知られている。（名張市 HP より）

おわりに

議員定数の削減に関するパブリック・コメントから

議員定数を現行の24人から21人に削減する「多治見市議会議員定数条例の一部改正について」のパブリック・コメント（募集期間２０１７年1月12日から2月11日まで）が、行われた。

私の提出した意見の全文は、次の通りである。議会に反省を促すため、私はあえてかなり厳しいことを書いた。

「本来議員定数は削減すべきではないと思うが、今回は以下の理由により、削減に賛成します。

㋑広報紙の月2回発行を1回に削減

㋺後期地区懇談会を選択制の意見交換会に見直したこと（実際は廃止である）

㋩総合計画の策定期間を2年間から1年間に短縮

こうした行政の『多治見市市政基本条例』の精神に反する施策に対し、議会は阻止に向けて努力してこなかった。本当に残念である。

このような議会であれば、議員定数を3名ではなくもっと削減すべきである」

これに対する議会の回答は、こうであった。

「ご意見をお寄せいただき、ありがとうございます。

多治見市議会においては『市政基本条例』ならびに『議会基本条例』の精神に則り、多治見市民の福祉向上に取り組んでおります。

議会としては『市民と議会との対話集会』や『議会だより』、試行中の『議会による市民との談話室』等の充実によって、上記各条例の精神を実現できるよう努力してまいります」

列挙した施策が多治見市市政基本条例の精神に反すると考える私の意見に関する、賛否はどうであれ、議会の意見を期待したのであるが、全くの空振りに終わった。寂しい限りであった。

私はこれまで、地区懇談会や是正請求でこれらのことを問題視してきた。私がなぜそのように考えるのか。私がなぜこんなにこだわるのか。改めて述べる必要はないかもしれないが、自分の思いを以下で述べたい。

「市民自治の確立」を目指す多治見市市政基本条例

「市政の基本的な原則と制度やその運用の指針や市民と市の役割を定めることにより、多治見市の市民自治の確立を図ることを目的とし」た多治見市市政基本条例を、ひとりの市民として本当に誇らしく思う。

基本条例は続いて、市民が市政の主権者である、いわゆる「市民主権」を高らかにうたっている。ここから「市民自治の確立」とは、平たく言えば市民が主権者として市政が展開されることである。

その市民自治、市民主権を確かなものとするために、基本条例は「市政情報の共有」や「市民の市政参加」などを規定した「市政の原則と制度」を定めている。つまり市民が主権者として振る舞うには、情報の共有と市民参加が不可欠である。換言すれば、情報の共有と市民参加が十全に確立されてこそ、市民が主権者として展開される市政が実現されるのである。

多治見市市政基本条例の目指す市民自治の確立は、以上のような文脈でとらえるべきである。

こうした観点から見ると、私が問題視した施策は市民自治の確立に不可欠でその根幹をなす情報の共有と市民参加を後退せしめるものなので、基本条例の精神に反すると私は考える。

本当にそうなのか。今一度振り返ってみよう。

2001２年４月から、月２回発行の広報紙「たじみすと」が月１回となった。その理由は、充実した広報紙をつくるため、ホームページやラジオ放送など他の広報手段とのバランス、町内会の配布業務の負担軽減などのためであるとされた。

しかしながら一番の目的である紙面の充実に関しては、それが実現しているとは思われない。スポーツ（健康）や子どもに関する特集記事は多いが、「住吉土地区画整理事業」や「第７次行政改革大綱　平成25～28年度」の策定、「地区懇談会の運営方法などの見直しについて」「防犯灯ＬＥＤ化事業」「核融合科学研究所周辺環境の保全等に関する協定書および覚書ならびに重水素実験の同意について」など市政が直面する重要な課題が、何ひとつ特集記事として取り上げられていないからである（拙書『それはないよ』を参照されたい）。

その他、30ページを超える分厚いものになり、かえって読む気がしなくなったという声がよく聞かれる。さらに速報性に欠けるという広報紙のデメリットが、月１回となったがために増幅された。そのためにパブリック・コメントの意見募集が間に合わなくなり、掲載されないケースがある。今回の「議会による市民との談話室」は、すでにスタートした後に掲載された。広報紙は、市から市民への単なるお知らせではない。市民とともに市政について考える、きわめて重要な広聴広報手段である。名張市ではそれまで月1回の発行が、2004年5月から月4回の発行となった。本来、それ程必要なものである。ただしポスティングシステムにしたため、15年5月からは月2回となっている。

次の地区懇談会は、大きな問題の有無にかかわらず、市内の小学校区（13校）ごとに年2回定期的に開催されてきた。前期は市長が出席して市が直面する主な行政課題について、住民と意見交換する。後期は部課長の出席のもと、行政が用意した個別の課題について懇談会がもたれる。年間延べ約1000人の住民が出席し、情報の共有と市民参加の場としてきわめて大きな意義をもち、まさに多治見市が全国に誇るもののひとつであった。

しかるに広聴の仕組みの多様化や「市民討議会」の新たな開催などを理由に、後期地区懇談会が2013年度から廃止され、年1回となった。その代わりに地元から地域課題について開催希望があれば、意見交換会を行うことになった。

この意見交換会は、私の住む北栄地域で13年度に1回開催されただけである。まさに私が「この意見交換会は、数年にして消えていくことは、目に見えている」（「地区懇談会の運営方法などの見直しについての是正請求」に際しての「反論書」）と危惧した事態が、不幸にして的中する結果となっている。

私はこの間毎年度、意見交換会開催の要望書を区長に提出したが、「反対する区長の存在」や「地域課題」というテーマなどが障壁となって実現しなかった。このためその都度さまざまな理由をつけて、意見交換会の開催を求める是正請求を試みた。

すべて棄却されはしたが、是正請求審査会の答申に次のような大きな変化が見られた。

かつて「今回の地区懇談会の運営方法の見直しについては、是正請求人が主張するように、年2回開催されていた地区懇談会を1回に減らすものではなく、後期地区懇談会を選択制の意見交換会とするものであり、従前どおり2回の地区懇談会の開催の道が確保されている。したがって、地区懇談会の運営方法の見直しは、是正請求人が主張するように、市民参加の水準を切り下げる不当なものであるとまで言えない」とする答申（「地区懇談会の運営方法などの見直しについての是正請求」に対する）をした是正請求審査会が、「意見交換会が2年間で1回しか開催されていないという実績から、意見交換会がこのままなくなってしまうのではないかという請求人の危惧は十分に理解できるものである。市民と行政がそれぞれの思いを交換する場としての意見交換会が、市民にとってもっと利用しやすくかつ活発に行われるような制度の検討を行うよう望む。お届けセミナーの活用だけでなく、意見交換会も利用しやすいものとなり、市民の側から問題提起がされ活発な議論が行われるような機会があるということは、多治見市の行政にとっても市民参加においても非常に意味のあるものだと考える」という「意見」を、答申（「選択制の意見交換会開催に関する是正請求」に対する）に盛り込むに至った。

さらに「意見交換会の改善に関する是正請求」の答申では、「後期の選択制の意見交換会が、今後も開催希望が出されず開催されない状況が続くようであれば、開催希望の提出等の手続だけでなく、市民参加の一つの重要な機会である意見交換会の制度全体の改善・見直しを検討することが必要であると考える」という「附帯意見」が付け加えられた。

こうした答申を受けて、複数の区からなる地域の意見交換会の開催に関し、行政は1人でも反対する区長がいたら開催しないとしていた当初の方針を変え、16年度から1人でも区長が開催希望を出せば、意見交換会が実現する運びとなった。またテーマは、地域課題に限定されないことも「地域課題等に対する意見交換会の開催希望について」に、明記されるに至った。

それでも意見交換会が実現しないため、私は後期地区懇談会の復活を求める是正請求を16年11月に行った。まだ答申は出ていない。

最後に、総合計画の策定期間が1年間に短縮されたことについてである。

古川市長はマニフェストに掲げた事業を早急に実施するため、『第6次多治見市総合計画（2008―2015）』を1年間で策定した。多治見市では計画行政を重視するため、総合計画に盛り込まれた事業しか実施できないからである。しかし市民の政策選択は市長のマニフェストより優先するのであって、その逆ではない。したがって、何ら策定を急ぐ必要はなかったのである。マニフェストと総合計画の関係について、市長は誤解をしているように思われてならない。

『第7次総合計画（2016―2023）』の策定に際しては、「市民参加を大切にするため、1年間でなく2年間をかけて策定して欲しい」と、地区懇談会で私は発言した。これに対する市長の答弁は、今の時代の変化は激しいので策定に2年間かける考えはないというものであった。

地元の『東濃新報』（2015年10月23日）は、総合計画の策定に際しての市民参加といっても、「市が用意した資料やテーマに沿って市民が意見を述べるに過ぎない。真の市民参加とは、市民自らが行動して市政に働きかけていくことだ」と、「『まちの将来像』は市民が描くべき」ことを強調する。そして「本紙版多治見市総合計画」が、8回にわたって掲載された。

全くの同感である。それにはそれなりの時間を要する。市民一人ひとりが時間をかけてまちの将来像を描くことの方が、時代の激しい変化に合わせて急いで計画をつくるよりも大事である。汗を流してこそ多治見市への愛着と誇りが生まれ、住み続けたいと思うからである。したがって、それこそが、「消滅可能性都市」を返上する道であると思う。

統治対象から政治主体へ

最近読んだ本の中で、非常に感動したものに神谷秀之氏の『市民自治の思想―地域現場からの出発―』がある。この本は、自治体理論の創始者であり、今日の分権改革を切り開いた松下理論を紹介したものである。

ところで本書のタイトルは、「市民自治の息づくまちへ」である。今やまちによっては「市民自治推進課」なるものも設置されるようになり、「市民自治」を改めて定義づけることもなく使用してきた。

神谷氏はこの本で、松下理論の最大のポイントとして「日本全体の思考を転換すること、日本人を統治対象から政治主体へ転換させることを強く訴える理論です」と指摘する。まさにここに、市民自治の思想が凝縮されている。その観点からすれば、市民自治のまちづくりは、身近なことを通して市民が政治主体に成長する絶好の機会であると言ってよい。

私たち自身が、政治主体となるように努めることが必要である。それとともに為政者には、市民が政治主体へ成長するような行政の展開が求められる。

あとがき

翌月のカレンダーに予定を入れる時、私は可児市桜ヶ丘ハイツ地区社会福祉協議会の「ハイツカフェ」、私が以前住んでいた多治見市明和町第三町内会「楽生会」の「明和茶会」ならびに私の住む多治見市第35区シニアクラブ「つくも会」の月例会、役員会、月１回の小学生下校の見守りを、真っ先に書き入れることにしている。

これらはすべて、私の足で行ける所ばかりである。ウォーキングになるし、皆さんと会話が弾み、健康を保持するにはまたとない良い機会となっている。大都市に比べ地域住民のつながりが強い、多治見のような中小都市に住んでいるから得られる「恵み」ではないかと思う。名古屋から多治見に移り住んで、本当に良かったと思う。

今この多治見市で、駅南に「にぎわい」を創出するために25階建てのマンション、７階建ての商業棟などからなる「多治見市駅南地区市街地再開発事業」が、スタートしようとしている。私がこの事業の住民説明会で発言したことは、市の周辺部の団地住民の受け皿になり、団地の衰退に拍車をかけることにならないか、ということである。多治見市は名古屋市のベッドタウンとして発展してきたが、今これらの団地では近くのスーパーが消えて買い物難民となり、高齢で雑草など自宅の手入れが難しくなったため、自宅を売って駅周辺のマンションに移り住む人が増えているからである。このように、高齢者がそこに住み続けるために互いに支え合う小さな「にぎわい」があちこちで生まれている一方で、駅周辺のにぎわいづくりが課題となっている。

私はこの小さなにぎわいが市内中に広がることが、ひいては多治見市の「元気」をつくることになると考えているのであるが、これから多治見市はどう変わっていくのであろうか。

今回は、久しぶりに出向いての現地調査となった。現役時代ほどには足を運ぶ回数が多くはなかったとはいえ、いつものように多くの皆さんに協力していただいた。本当にありがたく思う。

本書は、市民自治のまちづくりを推進するための先進的な制度を導入したり、取り組みをしているまちへ足を運んで調査したものをまとめたものである。これからもさらに順調にいくようにという願いを込めた、私の「応援歌」である。このため私にしては、わりあいペンをスムーズに走らせることができた。

市民自治のまちづくりが、さらに多くのまちに広がることを期待したい。

この6月11日に多治見市で開催された第3回「市民自治研究会」（主宰　西寺雅也前多治見市長）で、愛知県半田市のＮＰＯ法人「亀崎まちおこしの会」３人の方から、亀崎地区におけるたいへんユニークなまちづくりを聞くことができた。

江戸時代から海運（尾州廻船）の拠点として栄えた亀崎地区には、古民家が多く残っている。亀崎まちおこしの会が取り組んでいるのは、空き家となっている古民家を借り受けて、改修し、店舗等として再生する「亀崎空き家再生プロジェクト」事業である。景観の保全と地域活性化を目指したものである。発足以来これまで5年間に、10軒の空き家が改修された。うち6軒の事業用の店舗のうち1軒は既にカフェを開業し、3軒もまもなく開業の運びとなっている。住宅用も既に2軒の借り手が決まっている。

これに加えてすばらしいと思ったのは、このＮＰＯ法人が運営する拠点施設「かめとも」（寄贈された呉服屋さんを改装したもの）が、多くの地域の人たちが集う「居場所づくり」になっている。絵画教室や書道教室など人が集まる工夫がなされ、年間2万人、通常で50～60人の人が足を運び、世代を超えた交流や議論が活発に行われている。

残念ながら私の狭い見聞のため、本書でこの市民主体のまちづくりを紹介できなかった。

今回も風媒社から出版できるのをたいへん嬉しく思う。劉永昇編集長にはとりわけお世話になった。山口章社長と劉永昇氏に厚くお礼申し上げる。

早川　鉦二

２０１７年6月

■著者紹介

早川 鉦二（はやかわ・しょうじ）

1941年、名古屋市生まれ。1965年、九州大学文学部卒業。1967年、京都大学大学院経済学研究科修士課程修了。同年4月から、愛知県立大学外国語学部で教育・研究（財政学・地方自治）に従事。1997年10月より、98年9月までスウェーデン・ウプサラ大学に留学。2007年3月、定年により退職。愛知県立大学名誉教授。

（主な著書）『スウェーデンの地方自治』〈現代シリーズ12〉（労働大学、1999年）、『市町村合併を考える』（開文社出版、2001年）、『わがまちが残った』（開文社出版、2004年）、『合併破談　その後』（開文社出版、2006年）、『愛知万博の落とした影―愛知県立大学に見るひずみと切り捨て』（風媒社、2008年）、共著『市政と向き合う　定年退職後の地域貢献』（風媒社、2011年）、『それはないよ！〈市民自治〉の息づくまちへ』（風媒社、2015年）

市民自治の息づくまちへ　デモクラシーのまちづくり

2017年7月27日　第1刷発行

（定価はカバーに表示してあります）

著　者　　早川　鉦二

発行者　　山口　章

発行所　名古屋市中区大須1丁目16-29　振替 00880-5-5616 電話 052-331-0008　http://www.fubaisha.com/　風媒社

乱丁・落丁本はお取り替えいたします。　＊印刷・製本／モリモト印刷

ISBN978-4-8331-1120-1